親が創価学会

島田裕巳
SHIMADA, Hiromi

JN192896

イースト新書
115

はじめに

「親が創価学会」。

世の中にはそういう人たちがたくさんいる。日本でもっとも規模の大きな新宗教、創価学会の会員の家に生まれた人たちのことだ。

もちろん、会員であるとは言っても、どの程度熱心に活動しているかは人によって違う。信仰がすべてだという熱心な会員もいるが、一方では、形だけ会員になっていて、ほとんど活動していない人たちもいる。

創価学会では、会員ではあるけれども、活動していない人たちのことを「未活《みかつ》」と呼ぶ。「非活《ひかつ》」と呼ぶこともある。

親が信仰に熱心かどうかで、子どもに対する影響も変わってくる。親が未活であれば、さほど影響はないかもしれない。

あるいは、親のうち、片方は熱心な会員であっても、もう片方は熱心ではなかったり、そもそも会員ではなかったりというケースもある。

こうなると、複雑な事態が生まれる。信仰をめぐって親同士が争ったりもするからだ。そうなると、子どもはたいがいの場合、信仰を持つことに対して否定的に考えるようになる。それが争い事の原因だと思えてしまうのである。

だからだろう、創価学会の二代会長となった戸田城聖《とだじょうせい》は、まだ組織がそれほど大きくはなっていなかった一九五七年、三つの指針を示したが、その最初は「一家和楽《いっかわらく》の信心」というものだった。後の二つは、「各人が幸福をつかむ信心」と「難を乗り越える信心」である。

一家全体が同じ信仰を持つ。創価学会は、それをめざしてきた。

創価学会はかなりの程度それに成功した。今では、何代にもわたって創価学会の信仰を受け継いでいる家がかなりある。さらには、家族の付き合っている人間の大半が創価学会の会員だというケースだってある。

親が創価学会ではなく、別の新宗教の信者になっている人たちもいる。

親が天理教《てんりきょう》。

親が霊友会《れいゆうかい》。

親が立正佼成会《りっしょうこうせいかい》。

親がパーフェクトリバティ（PL）教団。

親が真如苑《しんにょえん》。

さらには、親が真光《まひかり》（崇教《すうきょう》真光及び世界真光文明教団）、親が統一教会（世界平和統一家庭連合）、親が幸福の科学、親がエホバの証人という場合だってある。

新宗教に入信している親を持つケースはさまざまだ。

けれども、同じ信仰を持っている人間が周囲に数多くいるという点では、創価学会のケースは特殊である。

それだけ、創価学会の規模は大きいのだ。

創価学会は公式に、会員の世帯数を八二七万世帯と発表している。実に膨大な数だ。

ここで注目されるのが、会員個人の数をあげるのではなく、世帯数があげられていることだ。なぜそうなっているのかについては、第一章で説明を加えるので、ここでは省く。

一世帯あたり何人の家族がいるかを示した数字が「平均世帯人数」である。「国民生活基礎調査の概況」（二〇一七年版）によると、二〇一七年の時点でそれは二・四七人である。

この数を、八二七万世帯に掛けてみると、二〇四三万人という数になる。

日本の総人口が一億二六四一万七〇〇〇人（人口推計・二〇一七年九月一日現在の確定値）だから、日本人の約一六％が創価学会の会員であることになる。

いくらなんでも、この数は多すぎる。

では、実際に創価学会の会員はどれくらいの数なのだろうか。

一つ参考になるのが、ＮＨＫ放送文化研究所が一九九六年におこなった「全国県民意識調査」だ。これは、同研究所『現代の県民気質―全国県民意識調査』（日本放送出版協会）として刊行されている。

この調査では、宗教団体の信者であるかどうかを聞いており、創価学会の会員は、全体の三・〇％という結果が出た。

これだと、創価学会の会員数は約三八〇万人となる。

最近の調査としては、大阪商業大学が二〇〇〇年から続けている「生活と意識についての国際比較調査」というものがある。この調査でも、信仰について聞いていて、創価学会については、つねに二・一％から二・二％という数字が出てくる。

二・二％なら二七九万人、二・一％なら二六六万人だ。

仮に二・二％という数字を採用するならば、創価学会の会員数はおよそ二八〇万人である。これはかなり信用していい数字ではないだろうか。

八二七万世帯に比べれば、二八〇万人は少ない。けれども、日本にそれだけの数の人間を抱えている組織がほかにあるかと言えば、それは決して多くはない。

農協や既成仏教の宗派のなかで規模の大きなところになると、数では創価学会を上回る。けれども、そうした組織と比べてみると、創価学会の結束力は抜群に強い。とくにそれは、選挙の際の公明党に対する支援の活動で発揮される。親が創価学会ということは、選挙活動のことにもかかわってくる。

戦後の高度経済成長の時代には、創価学会だけではなく、霊友会や立正佼成会、ＰＬ教団といった新宗教が大幅に勢力を拡大し、それぞれが巨大教団に発展した。

けれども、現在では、創価学会以外の新宗教は大幅に信者の数を減らしている。それも、信仰を子どもや孫に伝えることがうまくできなかったからだ。創価学会は、信仰を子どもや孫に伝えることに成功した珍しい新宗教なのである。

そのことが、親が創価学会という人間の数を増やすことに大きく貢献した。そうした家庭では、信仰を抜きには親子関係が成立しないのである。

親が創価学会であるということは、そうした生まれではない人間には関係のないことになる。

　たしかにそうだ。

　しかし、果たして本当にそうだろうか。

　親が創価学会でない人間も、生活のなかで、親が創価学会である人間と付き合いを持つことがある。その相手が会員であるかどうかということも問題になるが、付き合いが深くなれば、どうしてもそのことが信仰を持たない人間にも影響する。

　よくあるケースは、選挙のときである。

　学校の同級生ではあるものの、さほど付き合いのない人間から突然連絡があり、家を訪ねてきたりすることがある。

　それは親が創価学会の人間で、選挙が近づいているので、公明党に投票してくれないかと頼みにきたのである。

　それがうっとうしい。そう感じる人もいるだろう。

　さらに、信仰を持たない人間が、親が創価学会である異性と付き合うようになることもある。

　実は私の場合がそうだった。

それは、一〇代の終わりの時期で、はじめてまともに付き合った女の子の母親が創価学会の会員だった。

今から振り返ってみれば、それは、創価学会が絶頂期を迎えた一九七〇年代はじめのことである。その家には大きな仏壇があり、母親はそこで創価学会の会員の毎日の儀式である「勤行《ごんぎょう》」をおこなっていた。「南無妙法蓮華経《なむみょうほうれんげきょう》」などと唱えるのである。

創価学会では、信仰を広めるための布教を「折伏《しゃくぶく》」と呼ぶが、母親から、あるいは付き合っていた娘から折伏されたことはなかった。

しかし、創価学会の集まりである「座談会」に誘われて参加したことはあった。その座談会は、地域の若い会員たちが集まって開かれたものだった。

私は、まだ大学に入ったばかりで、宗教学を学んでいたわけではなかった。そのため、自分が、自ら参加して調査をする「参与観察」をおこなっていると考えたわけではなかったが、集まった若い創価学会の会員たちがひどく陽気で、明るかったのが印象的だった。少し違和感を持った部分もあった。

誘われたのはそのときだけだったが、私と彼女との関係に母親の信仰は影を落としていた。娘の方は、創価学会の信仰に熱心ではなかったからだ。それで二人は別れたというわけではないが、相手の親が創価学会であるがゆえに別れたカップルも数多く存在するに違いない。

親が創価学会であるということはどういうことなのか。それはどのような問題を生むのか。そして、そういう問題に、どのように対処すればいいのだろうか。

この本で考えてみたいと思っているのは、そうした事柄である。

親が創価学会　目次

第二章 「親が創価学会」だとどうなるのか

第三章　なぜトラブルに直面するのか

第四章　二世の結婚問題

第五章　選挙という宗教活動

第六章　お金にまつわる問題

第七章　信仰とどう向き合えばよいのか

第一章　創価学会とはどういう宗教なのか

ほかの新宗教とどこが違うのか

「親が創価学会」という問題を考える際に、どうしても必要になってくるのが、創価学会とはいったいどのような組織なのかを知ることである。

そこがわからないと、創価学会の信仰を持つ家庭に生まれることで起こる問題や、その原因を理解することはできない。

創価学会についての知識を得る必要があるのは、創価学会に入会していない人間だけではない。創価学会の会員であっても、組織の成り立ちや歴史について十分なことを知っているとは限らない。

かえって熱心な会員ほど、組織の言うことをそのまま批判することなく受け入れてしまい、事実を正しく認識していないこともある。

とくにそうしたことが現在の創価学会の場合に起こりやすいのは、創立以来およそ六〇年間にわたって密接な関係を持っていた「日蓮正宗《にちれんしょうしゅう》」と決別してしまったからである。創価学会では日蓮正宗のことを「宗門《しゅうもん》」、あるいは「日顕宗《にっけんしゅう》」と呼ぶ。宗門と決別する以前とそれ以降では、創価学会のあり方は大きく変化している。

日蓮正宗は日蓮宗の一派である。鎌倉時代の宗教家である日蓮を宗祖として、その教えに従っている。本山は静岡県富士宮市《ふじのみやし》にある「大石寺《たいせきじ》（正式には多宝富士大日蓮華山《だほうふじだいにちれんげさん》大石寺）」である。

ただ、日蓮正宗は一般の日蓮宗とは教えが異なっている。日蓮正宗は、日蓮の弟子の一人である「日興《にっこう》」という人物に伝えられた教えを信奉していて、そこでほかの日蓮宗とは違いが出てくるのだ。

日興に伝えられた教えを信奉しているのは日蓮正宗だけではない。ほかにもいくつかの派があり、それらは総称して「富士門流《ふじもんりゅう》」と呼ばれる。

日蓮正宗の独自の信仰としては、「本迹勝劣《ほんじゃくしょうれつ》（日蓮宗で主要な経典とする『法華経《ほけきょう》』を前半と後半に分け、後半にこそ釈迦《しゃか》の本当の教えが示されているとすること）」や、「日蓮本仏論《にちれんほんぶつろん》（日蓮こそが末法《まっぽう》の時代に現れた仏であるとすること）」などがあげられる。なかでも一番重要なのは、大石寺に所蔵されている「本門戒壇《ほんもんかいだん》の大御本尊《だいごほんぞん》」を唯一の本尊であるとすることである。

日蓮は、佐渡《さど》に流罪になったときから、中心に「南無妙法蓮華経」と記し、その周辺に仏や菩薩《ぼさつ》、天照大神《あまてらすおおかみ》などの名前を配した「法華曼陀羅《ほっけまんだら》」、ないしは「本尊曼陀羅」というものを書き記すようになる。これは仏像の代わりで、弟子や信者に授けられた。彼らはそれを祀《まつ》り、信仰の対象としたのだが、本尊曼陀羅は一二七幅《ふく》が現存している。幅は掛軸を数えるときの単位である。

大石寺の本尊は、別名「板曼陀羅」とも呼ばれる。楠《くすのき》に彫刻されたものだからである。日蓮正宗では、これこそが日蓮がもっとも重要視した「本門之本尊」であるとしている。この本尊についてのとらえ方は、日蓮正宗に独自のもので、ほかの日蓮宗は認めていない。

教育者だった初代会長・牧口常三郎

創価学会が日蓮正宗との結びつきを持ったのは、初代会長となる牧口常三郎《まきぐちつねさぶろう》という人物が、一九二八年に日蓮正宗に入信したからである。当時の牧口は白金《しろかね》尋常小学校の校長をつとめていた。牧口は教育者であるとともに、地理学を研究する地理学者でもあった。

日蓮宗では、たとえ強引な手段を使ってでも教えを伝えようとする「折伏」という行為を重視する。牧口は、自分が校長をつとめる学校に代用教員として雇ったこともある戸田城聖を折伏し、日蓮正宗に入信させた。戸田は戦後、創価学会の二代会長に就任する。

牧口は戸田とともに、一九三〇年一一月一八日に創価学会の前身となる「創価教育学会」を結成する。会の名称が示しているように、この会は教育者が中心だった。ただ、創立の日は、牧口の著作『創価教育学体系』全四巻のうちの第一巻が刊行された日であり、組織が実際に動き出すのは一九三〇年代半ばからのことであった。

創価教育学会は、それほど組織としては大きいものではなく、教育の問題を中心として活動していた。それでも牧口は、日蓮正宗の僧侶から教えを学んだり、日蓮正宗の法主《ほっす》を招いて講習会を開いたりして、信仰を深めていき、それは創価教育学会の活動にも影響していく。

牧口が重視したのが、現在の創価学会でも活動の重要な柱になっている「座談会」だった。座談会は、少人数が集まって信仰について話し合うための場で、当初は「生活革新実験証明座談会」と呼ばれた。

牧口は「法罰論《ほうばつろん》」という考え方をとっていて、間違った信仰を持つと罰《ばち》が下されると考えており、正しい信仰を持つことでどういったご利益《りやく》がもたらされるかを座談会での体験発表を通して証明しようとしたのである。

また牧口は、日蓮正宗がほかの信仰をすべて否定する立場をとっていたため、伊勢《いせ》神宮のお札《ふだ》である神宮大麻の受け取りを拒否し、それを焼却させた。日蓮正宗に入信する際には、ほかの宗教や宗派で祀られる本尊や神札、神棚、祠《ほこら》、教典、護符などを取り払い、それを焼き払う「謗法払い《ほうぼうばら》」をおこなうものとされており、牧口はそれを実行に移したことになる。

戦前には不敬罪という法律があり、皇室とともに、その祖先神を祀る伊勢神宮に対して不敬な行為をすることが禁じられていた。神宮大麻を焼却することは不敬罪に違反する。牧口は、戸田らとともに不敬罪と、当時の政治体制を否定する行動を取り締まるための治安維持持法違反で検挙され、投獄された。

『特高月報』一九四三年八月分(九月二〇日発行)には、「創価教育学会々長牧口常三郎に対する尋問調書抜粋」が掲載されている。牧口は特高警察による尋問に対して、「天皇も凡夫」と答えた。牧口は、捕らえられても自らの主張を変えず、転向しなかったわけである。そのため釈放されず、最後は七三歳で獄死している(宮田幸一監修/第三文明社編『牧口常三郎　獄中の闘い—訊問調書と獄中書簡を読む』、第三文明社)。

「現世利益」を追求した二代会長・戸田城聖

戸田の方も転向することなく、日本が戦争に敗れる直前の一九四五年七月に釈放された。戸田は、代用教員をやめてから、今日で言う教育産業に移っており、学習塾を作ったり、中学受験のための公開模擬試験をはじめたりし、それで大成功を収めていた。創価教育学会が創立された一九三〇年には、『推理式指導算術』という受験参考書を出版し、これは一〇〇万部を超える大ベストセラーになったという。

戸田には、事業家としての才能があり、最盛期には出版社や証券会社など一七の会社を経営し、月収は一万円を超えていたとされる。この時代、総理大臣でも月収は一〇〇〇円程度だった。釈放後は、事業の再興をはかったが、戦争が終わると、一九四六年三月に創価教育学会を創価学会と改称し、自らその理事長に就任した。名称が変わったことで、戦後の創価学会は宗教団体としての性格をよりいっそう強く打ち出すこととなった。

戸田は庶民的で、ざっくばらんな性格だった。酒が好きで、講演をするとき、演台には水ではなく酒を用意させていたという。戸田の死後、弟子たちは、戸田の講演の記録をレコードにして頒布したが、それを聞いてみると、明らかに酔った状態で話をしていることがわかる（YouTubeには、そうした戸田の講演がアップされている）。

戸田が、強く訴えたのが、現世利益《げんせりやく》の実現ということだった。戸田は、大石寺に祀られた本尊には偉大な力があり、大石寺を訪れてそれを拝めば、お金が儲《もう》かり、苦しい生活から脱することができると説いた。このことばに誘われて創価学会の会員となった人間たちは大石寺に参拝に出かけたが、それは「登山」と呼ばれた。これはどの寺でも見られることだが、大石寺には多宝富士大日蓮華山という山号がついていたからである。

日蓮正宗に入信すると、大石寺の本尊を書写したものが渡された。会員はそれを自宅の仏壇に掲げ、その前で「勤行」をおこなった。勤行は、「南無妙法蓮華経」の「題目」を唱えるとともに、『法華経』の「方便品第二《ほうべんぼんだいに》」全体と「如来寿量品第十六《にょらいじゅりょうほんだいじゅうろく》」の自我偈《じがげ》の部分を唱えるものである。勤行は、毎日朝と晩におこなうものとされた。

「攻撃的な宗教」だと思われた理由

「はじめに」で、創価学会が世帯を単位にして会員の数を公表していることにふれた。それは、本尊が家を単位に授けられるからである。つまり、八二七万という世帯数は、授与された本尊の数ということになる。一度は入信したことがあるという家の数ということで考えるならば、八二七万世帯というのはあり得ない数字ではない。

毎日朝と晩に勤行をおこない、定期的に座談会に出席する。機会があれば、会長などの講演に接し、大石寺に登山する。これが、創価学会の会員の信仰生活ということになるが、もう一つ重要なことは、すでにふれた折伏の実践だった。

折伏は仏教用語の一つで、摂受《しょうじゅ》と対になるものである。摂受が、教えを広める際に相手に逆らわず、その主張を受け入れながら説得していくことをさすのに対して、折伏は相手の主張を論破し、屈伏させることで教えを受け入れさせるものである。どちらも、『勝鬘経《しょうまんぎょう》』というお経で説かれている。創価学会に限らず、日蓮を信奉する人々のあいだでは、とくに折伏が重視されてきた。

戸田は、『折伏教典』という折伏のためのマニュアルを用意した。これは、日蓮正宗の教義や創価学会の思想を説明するとともに、ほかの宗教や宗派の教えを取り上げ、その欠点や問題点を解説したものだった。会員たちは、この『折伏教典』をもとに折伏を実践し、会員を増やしていった。

折伏に近い布教活動としては、創価学会が刊行する『聖教新聞《せいきょう》』の購読者を増やすということがあげられる。

『聖教新聞』は、一九五一年四月二〇日に創刊された。最初は一〇日ごとに刊行される旬刊だったが、しだいに発行の頻度が高くなり、一九六五年からは日刊になった。宗教教団の出している日刊の新聞は現在、統一教会（現在は世界平和統一家庭連合）系の『世界日報』と『聖教新聞』だけである。

『聖教新聞』の購読者を増やすことが組織の拡大に結びつくと考えているため、創価学会に入会していない人間にもその購読を勧める。場合によっては、会員自身が購読料を負担し、読者になってもらうこともある。したがって、熱心な会員は、新聞の購読料を何部分も負担している。配達も会員がおこない、それは信仰活動の一環としてとらえられている。配達の報酬は、まったくないわけではないが、かなり薄謝である。ただ、配達員は、創価学会の組織から「無冠《むかん》の友」と呼ばれ、賞賛されるし、会員は「池田大作《いけだだいさく》先生のお手紙」を配達する重大な使命を果たしていると考えている。

以前は、創価学会に対して猛烈に反発する一般の人たちが少なくなかった。それも、かつては創価学会が盛んに折伏をおこなっていたからである。

会員が自宅に押しかけてきて、延々と折伏をおこなうこともあった。なかには、一般の日蓮宗や他宗派の寺、あるいはキリスト教の教会に出かけていき、そこで説かれる教えは間違っていると折伏をおこなうような会員たちもいた。これが、創価学会は攻撃的な宗教であるというイメージを生むことにつながった。

会費をとらない創価学会の資金源

経済的な面での創価学会の特徴は、創立当初から、入会金も月々の会費もないというところにあった。会員になっても、お金はかからないというわけである。

ただ、それでは組織としての活動はできない。そこで、資金源として活用されたのが、『聖教新聞』の購読料だった。現在、『聖教新聞』の発行部数は五五〇万部に達しているとされている。会員が『聖教新聞』の拡大に熱心なのも、その購読料が創価学会の活動を支えているからである。

座談会の場合には、最小の組織である「ブロック」やその上の「地区」を単位として開かれ、会員の自宅が使われることがほとんどである。それとは別に、地区よりも単位として大きい「支部」などの会合もおこなわれる。本部幹部会の衛星中継を視聴するには大きな会場である会館が必要で、それは全国に約一二〇〇あるとされる。

そうした会館を建てるには建設資金が必要である。また、日蓮正宗と良好な関係が保たれていた時代には、大石寺に建物を寄進したり、日蓮正宗の寺院を各地に建立したりした。そのためにも資金が必要だった。そうしたときには、「ご供養」や「特別財務」という形で資金集めがおこなわれた。

ほかに、創価学会における資金集めの手段としては「財務」がある。現在の財務は、一年に一度年末におこなわれ、会員一人が一万円を収めることになっている。

「宿命転換」がキーワード

現在の創価学会は、日蓮正宗と決別し、日蓮正宗を強く批判している。だが、創価学会の信仰の基盤に日蓮の思想があることは変わっていない。日蓮は鎌倉時代に現れた宗教家で、『法華経』を重視する天台宗《てんだいしゅう》の比叡山《ひえいざん》において僧侶として活動をはじめた。

日蓮の主著に『立正安国論《りっしょうあんこくろん》』がある。これは、天台宗の教えとは異なる法然《ほうねん》などが説いた浄土教《じょうどきょう》信仰を批判し、そうした間違った信仰がはびこるのを許していたら、日本の国が危うくなると警告したものだった。日蓮は、この文書を鎌倉幕府の最高権力者、北《ほう》条時頼《じょうときより》に直接会って提出している。

ここに見られるように、日蓮が問題にしたのは日本の国家としてのあり方である。ただ、日蓮は、過激な主張によって世間を騒がせたとして、伊豆《いず》と佐渡に流されており、とくに佐渡に流された際には、なぜ自分が数々の苦難に直面しなければならないのかを深く考えた。その思索の結果、自分は前世において『法華経』を誹謗《ひぼう》するという大罪を犯していたからだと考えるようになる。

創価学会では、日蓮が数々の苦難に直面しながらも、それを乗り越えてきたというところにもっとも関心を寄せ、その側面から日蓮の教えを取り入れてきた。そして、強い信仰を持つならば、いかなる苦難に直面しても、それを乗り越えることができ、幸福への道が開かれることを強調している。それは「宿命転換」と呼ばれる。個人の境遇は、信仰によって根本から改まるという意味である。

日蓮は宿命転換ということばは使っていない。このことばのもとは、戸田が一九五五年一〇月九日に仙台《せんだい》でおこなった講演にある。戸田はそこで、日蓮の仏法は「運命を転換する方法」であるとしていた。

この講演で、戸田は宿命ということばも使っていた。そうしたこともあり、この講演が一九六一年に刊行された『戸田城聖先生講演集　下』に収録されるときには、「宿命転換の大仏法」というタイトルがつけられた。これによって、宿命転換ということばが頻繁に使われるようになる。今や宿命転換は、創価学会の教えの中心的なキーワードである。

創価学会のなかでよく使われることばに、もう一つ、「冬は必ず春となる」というものがある（一般の日蓮宗の人も使う）。これは日蓮のことばで、「妙一尼《みょういちあま》御前《ごぜん》御消息《ごしょうそく》」という手紙のなかに出てくる。そこで日蓮は、「法華経を信ずる人は冬のごとし、冬は必ず春となる」と述べていた。

日蓮自身が体験してきたように、『法華経』を信じるということは、さまざまな苦難に直面することを意味する。日蓮はそれを「冬のごとし」と表現した。ただし、冬は永遠に続くわけではなく、春は必ず訪れる。そのように、苦しい境遇にあっても、信仰を強く持っていれば、必ず救われるというのが、このことばの意味である。まさにこのことばは、宿命転換と重なってくる。なお、池田大作氏の小説のタイトルにも使われた「人間革命」もその意味するところは宿命転換と同じである。

なぜ創価学会だけが急激に拡大したのか

一つ重要なことは、なぜ創価学会の会員のあいだで、宿命転換や「冬は必ず春となる」ということばがキーワードになるのかということである。そこには、創価学会に入会したのがどういった人々であるか、あるいは、創価学会はなぜ戦後急速に拡大したのかということがかかわっている。

戸田は、一九四九年に設立した東京建設信用組合が多額の負債を抱え、経営が難しくなったことから、事業から撤退した。五一年には宗教活動に専念するとして、創価学会の二代会長に就任した。

五月三日、東京都墨田区向島《すみだくむこうじま》の日蓮正宗寺院、常泉寺《じょうせんじ》で会長就任式がおこなわれ、戸田は一〇〇〇人の会員の前で挨拶をおこなった。そのとき戸田は、自分が生きているあいだに七五万世帯の折伏を実現することを誓った。

この時期、創価学会の会員は、世帯数にすればまだ一〇〇〇世帯ほどと考えられる。この数と七五万世帯とでは大きな開きがある。

ところが、戸田の途方もない宣言はしだいに現実味を帯びていく。『聖教新聞』によれば、その年の末には、会員数は五七〇〇世帯に増え、五五年には三〇万世帯に膨らむ。戸田は一九五八年に亡くなるが、そのときにはすでに八〇万世帯にまで拡大していた。一九五〇年代後半、創価学会は急激に拡大していったのである。

ではなぜ、創価学会は急激に発展していったのだろうか。

一九五〇年代後半と言えば、高度経済成長がはじまった時期に相当する。その時期に創価学会が拡大したのは偶然ではない。経済環境の変化が、創価学会に拡大する余地を与えたのである。

高度経済成長は、産業構造の転換によって実現されたものだった。それまでの日本社会は農業が中心で、農業をはじめとして漁業や林業などの第一次産業に従事する人間たちが多かった。彼らは地方で生活していた。

ところが、日本が戦後復興をなし遂げると、朝鮮戦争による特需が生じたこともあり、産業の中心は第一次産業から鉱工業の第二次産業、さらにはサービス業の第三次産業へと変化していった。第二次、第三次産業は、都市部での産業であり、こうした産業が拡大するということは、都市部において労働力が不足することを意味した。

その際に、労働力を供給したのが地方の農村部だった。農家では、長男が跡を継ぐのが一般的で、次男、三男になると家を継ぐことができなかった。分家するなどの方法もあったが、都市部に働き口が生まれたことで、彼らは地方から都市へと出ていくことになった。しかも、その数は膨大なものになった。

都市に出てきた人間たちは、出てきた段階で、都市には知り合いがほとんどいなかった。しかも、彼らの学歴は低く、高校を卒業している人間でさえ少なかった。となると、給料が安いところにしか就職できず、生活は不安定だった。

こうした人間たちに救いの手を差し伸べたのが新宗教だった。そうした新宗教のなかには、霊友会や立正佼成会、ＰＬ教団なども含まれる。それぞれ高度経済成長の時代に急速に拡大していくが、もっとも発展したのが創価学会だった。

なぜ創価学会がもっとも成長したのか。さまざまな原因が考えられる。

一つは、すでに述べた戸田のキャラクターだった。戸田はざっくばらんで、信仰の目的を現世利益の獲得に絞るなど、新しく都市に出てきたばかりの人間たちのこころをつかむことに長けていた。聴衆を沸かせ、宗教に興味を抱かせるという点で、ほかの教祖は戸田にかなわなかった。

しかも戸田は、創価学会の組織を、軍隊をモデルに作り上げていった。まだ戦争から間もない時代で、軍隊は多くの日本人にとって馴染《なじ》みのある組織だった。青年会員の組織は、男子部も女子部も部隊として編成され、参謀室まで設けられた。一九五四年には、大石寺に近い富士の裾野で出陣式をおこなっている。この時代、創価学会の会員たちが集まって歌うのは、軍歌をもとにした曲だった。「威風堂々の歌」などがその代表である。軍隊式のやり方は、折伏を掲げ、戦闘的な性格を持つ創価学会にふさわしいものだった。

人間関係と学習機会の供給

創価学会が、都市に出てきたばかりの若い年齢層の人間たちのこころをつかんだ理由には、以上のほかにも、新しい人間関係のネットワークを与えた点がある。都市に親戚や友人知人がいない人間にとって、創価学会の会員は新しい仲間となった。

座談会では、一人の人間が皆の前に立ち（あるいは座り）、メンバーに向かって話をすることになる。そこでは、信仰を得たことでどういったご利益があったのかを語ることになるが、ほとんどの会員はそれまで人前でしゃべった経験を持っていなかった。座談会で体験発表をおこなえば、ほかのメンバーに聞いてもらえる上に、拍手をもらうことができる。それは、彼らに自信を与えるとともに、人前でしゃべる力を身につけさせることにつながった。

また、創価学会では、一九五二年一二月から、教学部の任用試験を実施する。教学部とは、会員のなかで、日蓮の仏法について学び、所定の試験に合格した者たちをさす。現在、教学部員は二六〇万人とされている。

試験に合格するには、日蓮の仏法について学ばなければならない。それは、小学校あるいは中学校しか卒業していない会員にとっては、かなり難しい事柄である。何しろ日蓮は鎌倉時代の人物で、その著作は昔の文語でつづられており、普段は見かけない漢字も多用されているからである。

そのため、教学部員をめざす会員は、日蓮の書いた文章を熱心に学ばなければならなかった。創価学会では一九五二年二月に、日蓮の残した文章を集めた『新編日蓮大聖《だいしょう》人《にん》御《ご》書《しょ》全集』を刊行している。編者は大石寺第五九世法主だった堀日亨《ほりにちこう》である。これは、「御書」と略称される。日蓮の残した文章は一般に「遺文」と呼ばれることが多いが、創価学会では御書という言い方を基本とする。

以前は、分厚い御書を電車のなかで広げ、一心に読みふけっている若い創価学会の会員の姿を見かけることが少なくなかった。

御書を読むことは、それまでは低かった会員の読む力を向上させることに結びついた。その点で、座談会と任用試験は、会員にとって重要な学習の機会ともなった。このことは、会員であり続ける動機にもなった。

日蓮正宗の存在

創価学会がほかの新宗教と異なる点は、日蓮正宗の存在にあった。

創価学会に入会した人間は、同時に日蓮正宗の信徒になっていたわけだが、日蓮正宗は、既成仏教教団であり、僧侶が中心である。僧侶は出家で、創価学会の会員は会長を含め在《ざい》家《け》である。出家と在家の違いは、儀式を営む際に導師《どうし》をつとめられるかどうかにあった。出家は儀式の導師になれるが、在家はなれないのである。

ほかの新宗教の場合には、こうした関係を持つ既成仏教教団は存在しなかった（修験道系新宗教は例外）。そのため、冠婚葬祭の機会が訪れ、儀式を営んでもらう際には、どこかの宗派に属している僧侶に依頼するしかなかった。あるいは、神主に依頼する必要があった。

ところが、日蓮正宗の信徒になっていれば、創価学会の会員は冠婚葬祭の儀式をすべて日蓮正宗の僧侶に依頼することができた。結婚式でも葬式でも、さらには法事でも、日蓮正宗の僧侶が導師をつとめてくれた。

創価学会は、自分たちの信仰以外を認めない方針をとってきた。それも、日蓮正宗という存在があったからである。とくに葬式のことは大きく影響した。ほかの新宗教の信者の場合、葬式を依頼したことを契機に、元の既成仏教の信仰に戻ってしまう可能性があった。墓が寺の境内にあったりするからである。創価学会では、そうしたことがなかったのだ。

創価学会では、日蓮正宗の存在があるために、ほかの宗教や宗派の信仰をいっさい受け入れなかった。そのため、神社に行くこともなければ、神社の祭りに参加することもなかった。他宗派のお寺に詣でることもなかった。

学校の修学旅行では、神社仏閣を訪れることが多いが、親が創価学会の子どもたちは、神社の鳥居をくぐることを拒み、それで、学友に創価学会の会員であることがわかってしまうこともあった。だが、日蓮正宗と密接な関係を持つことで、創価学会は外の世界とは宗教的に隔絶した世界を作り上げ、会員がその世界にとどまり続ける仕組みを作り、組織の基盤を築くことができた。それも創価学会がほかの新宗教以上に組織を拡大できた原因だった。

「組織引き締め」のための政界進出

戸田が会長をつとめていた一九五四年一一月、創価学会は、組織のなかに文化部というセクションを設け、政界に進出する。文化部の部員が立候補したわけである。最初は都議会や区議会、市議会などの地方議会で、当選者は全部で五三名だった。

この時点では、公明党は誕生していなかった。したがって、なかには、すでに存在している政党から立候補する者もいた。あるいは無所属での立候補だった。

翌一九五六年七月の参議院選挙では、六名が立候補し、全国区で二名、大阪地方区で一名が当選した。得票数は九九万票で、次の五九年の参議院選挙ではそれを二四八万票にまで伸ばした。議席も倍の六議席を獲得する。

その後、一九六一年には、文化部は公明政治連盟に発展し、六四年には公明党が結成された。六七年には衆議院選挙にも候補者を立て、公明党は二五議席を獲得し、一躍野党第三党に踊り出る。第一党は日本社会党、第二党は民主社会党である。

公明党が多くの議席を獲得したことで、ほかの政党には脅威を与え、それが創価学会や公明党に対する批判にも結びついていくことになる。

ではなぜ、創価学会は政党を組織して、政界に進出したのだろうか。

戸田が主張したことは、「広宣流布《こうせんるふ》」の達成であり、「国立戒壇《こくりつかいだん》」の建立だった。

広宣流布とは、仏教の教えを広めることを意味するが、その場合の仏教とは日蓮正宗の信仰のことであり、創価学会の教えを広めることだった。

国立戒壇の建立は、実は、戦前に盛んだった日蓮主義の運動を推進した国柱会《こくちゆうかい》の田中《たなか》智学《ちがく》が主張していたものである。田中は、国立戒壇建立による「国土成仏を通じて、世界統一が実現される」と述べていた。

戸田は、田中から国立戒壇ということばを借用した。戸田の師である牧口は国立戒壇ということばを使っていなかった。

日蓮の教えのなかには、すでに述べたように、「本門之戒壇」というものがあり、国立戒壇はそれを現代的な言い方で表現したものだった。戒壇とは、一般には、正式に僧侶として認めるために戒を授けるところを意味する。日本でもっとも代表的な戒壇は、中国から鑑真《がんじん》が日本にやってきたときに建てられた東大寺《とうだいじ》のものだった。鑑真は戒を授ける資格を持っており、それ以前の日本にはそうした僧侶がいなかった。

ところが、国立戒壇の方は、僧侶に戒を授けるためのものではなかった。戸田がイメージしていた国立戒壇は、国会での議決を通して建立されるもので、その建立は、日蓮正宗に対する信仰が国によって認められた証《あか》しになるというものだった。

本門之戒壇の性格については、昔からさまざまな議論があり、それを反映して、国立戒壇が何を意味するかはかなり曖昧だった。創価学会以外の人間からは、日蓮正宗を日本国家公認の国教にする試みではないかとも言われたが、戸田はそれを否定した。

国立戒壇の中身が曖昧なのは、政界への進出を正当化するスローガンだったからで、戸田は、そこには別の目的があるともしていた。戸田は、参議院選挙にはじめて候補者を立てる前におこなわれた幹部会で、選挙になると会員たちの目の色が変わってくるので、支部や学会の信心を引き締めるために使えると述べていた。

大きく発展した創価学会の組織の引き締めのために活用するというのが、政界へ進出した本当の目的だったのである。

「縦線」から「横線」の組織へ

それと関連して重要なのは、政界に進出するのと並行して、組織のあり方に大きな変更が加えられたことである。

ほかの新宗教では一般的なことだが、創価学会も政界へ進出する以前は「縦線」によって組織されていた。

新宗教が信者を増やしていく場合、ある人間が布教して新しい人間を入信させていくのだが、新しい入信者は、その人間を入信させた信者が属している支部に加入する。これが縦線である。

そのメリットは、信仰のつながりの背後に強固な人間関係があるということにある。

ただ、入信させた人間と新しい入信者は、違う地域に住んでいるかもしれず、支部は、地域を基盤に成り立つものではなくなる。それでは、地域での活動が十分には展開できない。

それでも、信仰活動の実践にはさして支障をきたすことはない。集まるところさえあればいいからである。

ところが、選挙の活動となると、地域でまとまって行動しなければ、票を獲得することができない。

そこで創価学会では、信仰のつながりによる縦線から、地域を基盤とした「横線」に組織を改めた。これによって、創価学会の組織は基本的に地域を単位とするようになったのである。

これが可能になったのは、同じ地域に住んでいる創価学会の会員の数がかなり多かったからで、それによって、創価学会の組織は地域共同体としての性格を併せ持つようになった。日頃の付き合いは会員同士に限定され、関係はより密接なものになった。これは、政界に進出したことの副産物で、創価学会の組織に、ほかの新宗教には見られない強さを与えたのである。

わずか三二歳で会長になった池田大作氏

戸田が亡くなったのは一九五八年で、その後を継いで池田大作氏が創価学会の第三代会長に就任したのは六〇年のことだった。その間には二年の空白があった。池田氏は会長に就任した時点で三二歳と若かった。若いリーダーを選択するまでには、組織のなかで議論や対立があったものと想像される。

池田氏の時代に入ると、創価学会は、戸田の時代以上に発展をとげていく。そこには、創価学会を巨大教団へと発展させた経済の成長がよりいっそう進んだことが関係していた。したがって、新しく会員になったのは若い年齢層の人間たちで、その分組織には活力があった。そうした人間たちを率いたのが、池田氏という若きリーダーだったのである。

池田氏も庶民層の出身であり、ざっくばらんという点では戸田と共通していた。ただし、戸田が酒好きだったのに対して、池田氏は酒を飲めない人間で、酔いながら講演するなどということはなかった。池田氏は精力的に日本各地をまわり、海外へも出かけていった。

池田氏は抜群の記憶力に恵まれており、一度会った地方の会員のことを名前も含め覚えていて、それで会員を感激させることがあった。池田氏からの指示や教えは「指導」と呼ばれるが、その指導を通して、池田氏を師として仰ぐようになった会員も少なくない。

新宗教の組織は、たとえ現世利益の実現を約束するようなところであっても、一般の企業などとは異なり、信者や会員が直接に組織から金品の見返りを得られるわけではない。逆に、信者や会員は組織を維持するために寄進をおこなう。その分、新宗教のリーダーは、信者や会員のこころをつかんでいかなければならない。池田氏には、その才能があった。

池田時代になって実現された試みとしては、公明党の結党と衆議院への進出のほかに、後に創価学会インタナショナル（ＳＧＩ）に発展する海外本部の設置、民主音楽協会（民音）の創立、創価学園・創価大学の創立、東京富士美術館の創設などがあげられる。創価学会の勢力が拡大し続けていったことで、さまざまな試みに挑戦することができたのである。

世間からのバッシング

公明党も、二度目の衆議院選挙となった一九六九年には四七名を当選させた。そのときの定数が四八六名だから、公明党の議席は全体の一割近くに及んでいたことになる。そして、七二年には、大石寺に本尊を祀るための「正本堂《しょうほんどう》」が建立された。

創価学会は、正本堂建立のために三五五億円を集めた。正本堂が完成したことによって、広宣流布が実現したとされ、それは「民衆立の戒壇」であるとされた。この時点では、国立戒壇ということは主張されなくなっていた。

ただし、正本堂が完成する三年前の一九六九年に、創価学会と公明党は「言論出版妨害事件」を起こしている。これは、創価学会と公明党が、自分たちを批判する書籍の出版を妨害したというもので、七〇年にかけて社会問題になった。

その際にとくに創価学会と公明党の関係は「政教一致」ではないかという批判が起こる。その結果両者は、「政教分離」を明確にしなければならなくなった。具体的には、公明党の議員の多くが創価学会の幹部を兼ねていたのをやめることになったのである。

それでもこの事件によって、創価学会・公明党に対する社会の批判が高まった。そのため、創価大学が一九七一年四月に開学したとき、池田氏は創立者であるにもかかわらず、大学を訪れることができなかった。当時の創価大学では、創価学会の会員ではない教員が少なくなかったからである。

この事件が象徴しているように、一九七〇年代に入ると、創価学会をめぐってさまざまな騒動が起こるようになる。そこには、日本の経済が曲がり角に差しかかっていたことが影響していた。七三年にはオイル・ショックが起こり、高度経済成長が終焉《しゅうえん》を迎えつつあることが明らかになった。経済が発展しなければ、都市への流入者の数も減り、創価学会に新たに入会する人間も減少していくのである。

日蓮正宗との決別

創価学会のその後にとくに大きな影響を与えることになったのが、「昭和五二年路線」と呼ばれるものである。一九七七年一月に、池田氏は、講演において「出家も在家も同格」という発言をおこない、大石寺の側から強い反発を受けた。この時点で、創価学会の側は自分たちの過ちを謝罪し、七九年には池田氏は会長を退くことになった。それ以降は、名誉会長となるが、組織に対する池田氏の影響力は一時失われた。

その後、一九八〇年代半ばには池田氏の復権がはかられるが、九〇年代に入ると、創価学会と日蓮正宗との対立は激化し、結局、両者は決別の道を歩むこととなった。なかには、創価学会をやめ、日蓮正宗の側につく会員もいたが、それは少数にとどまり、創価学会はこの危機を乗り越えた。

その際に、創価学会のなかで一番問題になったのが、冠婚葬祭をどうするのかということだった。すでに述べたように、それまで創価学会の会員は、すべてを日蓮正宗のお寺、僧侶に任せてきた。とくに葬儀が問題となった。葬儀に日蓮正宗の僧侶を導師として呼ぶことができないし、戒名を授かることもできない事態になったからである。

創価学会では、それを「友人葬（当初は同志葬）」を導入することで乗り越えた。創価学会の会員は、日頃勤行をおこなっており、読経《どっきょう》することができる。そこで、会員が集まって読経し、戒名は授からない葬儀の方法を開拓し、それを実践したのである。

墓については、一九八〇年代はじめから、創価学会は墓園事業に乗り出しており、その点では、日蓮正宗とのかかわりがなかった。このことも、日蓮正宗からの離脱がスムーズに進んだ要因となった。

「世代交代」とともに薄れる組織の熱意

池田氏は、二〇一九年一月に九一歳になっており、一〇年五月に体調不良から本部幹部会を欠席して以来、公の場に姿を見せることはなくなった。『聖教新聞』などに近影が掲載されることはあるが、肉声は伝わってこない。

すでにその前から、本部幹部会で恒例となっていた池田氏のスピーチは、以前とは異なり、多くを代読させるもので、話に迫力もなければ、ユーモアも欠けるものになっていた。

原田稔《はらだみのる》会長もすでに七七歳で、ほかの幹部についても年齢が高い人間が目立つ。高度経済成長の時代、つまりは創価学会がもっとも意気盛んだった時代に入会した人たちも高齢となり、亡くなる人たちも少なくない。

創価学会の場合には、ほかの新宗教が実現できなかった世代交代には成功した。だからこそ、「親が創価学会」という人間が多数誕生することになったわけだが、自分で入会した会員に比べると、親から信仰を受け継いだ会員は、どうしても信仰活動に熱心ではなくなる。とくに、公明党の候補者への投票を依頼する活動となると、世代交代が進むことで、組織全体の熱意はかなり薄れてきたように見える。

それでも、創価学会が二八〇万人を抱える巨大組織である点は重要である。しかも、公明党は長く自由民主党と連立を組み、政権の座にある。

「親が創価学会」である人間たちが、これからどのような行動に出るのか。それは、日本の社会にかなり大きな影響を与えるはずなのである。

第二章　「親が創価学会」だとどうなるのか

生後すぐに直面する「命名」問題

「親が創価学会」というとき、生まれて最初に起こる問題が命名である。

赤ん坊が生まれたとき、出生後二週間以内に届け出をしなければならないことが法律で定められている。その際、赤ん坊には名前が必要である。

誰が赤ん坊の名前を決めるのか、命名者が誰かは重要である。現在では、親がつけることがほとんどだろう。だが、創価学会の会員だと、「池田先生」に命名してもらうという選択肢がある。

池田氏が会長を退くまでのことについては第一章でふれた。会長を退いた後、池田氏は「名誉会長」に就任する。それまで創価学会には名誉会長という役職はなかった。名誉会長は池田氏のために特別に用意されたものである。今後、名誉会長と呼ばれる人物は生まれないだろう。

ただし、会員は、池田氏のことを「池田先生」と呼んできた。創価学会では、師匠と弟子が一体であることを意味する「師弟不二《していふに》」が強調されてきた。会員にとって、池田氏は師匠であり、「先生」なのである。

最近では、創価学会の本部も、「池田名誉会長」という呼び名を使わなくなった。『聖教新聞』の紙上でも、必ず「池田先生」である。

池田氏に赤ん坊の命名をしてもらいたいときには、定められた手続きが必要だ。地域の拠点となる会館に出向き、そこで申請用紙に記入する。すると、その書類は本部に送られる。命名がおこなわれると、書類を提出した会館から返事がある。申請者が会館へ出向くと、きれいな和紙に毛筆で赤ん坊の名前が記されている。その紙がまだ実家にあるという会員も少なくないだろう。

池田氏に命名してもらった会員の子弟がどれほどの数にのぼるかはわからない。ただ、命名してもらった会員は、ほかの会員からうらやましがられることが少なくない。

多忙な池田氏が、申請された一人ひとりの名前を実際につけているのかどうか、それはわからない。精力的に各地をまわり、会員を激励し続けてきたことから考えれば、池田氏本人が命名してきた可能性も考えられる。少なくとも会員は、「自分の子どもは池田先生に命名してもらった」と信じている。

ただ、名づけ親が池田氏であることで嫌な思いをする子どももいる。

学校で、自分の名前がどのようにしてつけられたのか調べるといった授業もある。そのとき調べてみて、名づけたのは親ではなく、池田氏だということを知る。子ども自身がそのことをどのように感じるかということもあるが、学校でその事実を公表しなければならなくなる。

　ほかの子どもはたいがい、親や祖父母につけてもらったと答える。となると、自分だけ違うということがコンプレックスになったり、これは人に告げてはならないと感じるようになったりもする。それは創価学会にちなむ名前をつけられている場合も同じだ。

　そうした事実を学校で明らかにすると、何か問題が起こると感じているようなときには、命名の由来を曖昧にしか言えなかったり、隠そうとしたりする。名前は簡単には変えられないものなので、子どもにとっては生涯続くコンプレックスとなることもある。

池田大作氏はゴッドファザーである

「ゴッドファザー」と聞けば、多くの人は、マーロン・ブランドが主演したマフィア映画を思い出すだろう。テーマ曲もよく知られている。英語のゴッドファザーには、マフィアの首領の意味がある。

　ただし、ゴッドファザーはもともと「名づけ親」を意味している。親に代わって命名するのが名づけ親で、社会によってはどの立場にある人間が名づけ親になるかが決まっている。池田氏は、創価学会の会員のゴッドファザーである。

池田氏に命名してもらうわけではないが、親自身が、創価学会にちなむ名前を子どもにつけることがある。大作や、池田氏のペンネーム、山本伸一《やまもとしんいち》に由来する伸一などが代表で、女の子だと信子《のぶこ》というものもある。『法華経』に由来する法子《のりこ》や妙子《たえこ》もある。創価学会では、「勝利」ということがキーワードになっているので、男の子が勝利《かつとし》と名づけられることもある。

創価学会の現在の会長である原田稔氏は六代目にあたるが、五代目の会長だったのが秋《あき》谷栄之助《やえいのすけ》氏である。秋谷氏は一時、秋谷《あきや》城永《じょうえい》を名乗っていた。これは二代目の会長だった戸田城聖に由来する。秋谷氏は戸田の弟子である。

創価学会の「統監カード」とは何か

「親が創価学会」の子どもは、生まれてすぐ創価学会に入会する。もちろん、本人の意思ではなく、親の意思によってである。

片方の親だけが会員というときには、そこでトラブルが起こりやすい。そうしたトラブルについては、第三章以降に扱う。

私は数年前、首都圏にある創価学会の会館で、本部幹部会の中継に接したことがある。生中継ではなく録画だった。

そのとき、幹部会の中継放送が終わると、新入会員の紹介がおこなわれた。そこに登場したのは、赤ん坊を抱えた数人の母親たちだった。ほかに大人の新入会員はいなかった。生まれたばかりの赤ん坊が新入会員として紹介されたのだ。

創価学会に入会すると、その人間のことは「統監《とうかん》カード」に記される。それは、大人でも赤ん坊でも同じだ。統監カードは、創価学会の組織における住民票のようなもので、それは支部のなかにある「統監部」で管理される。カードに記されるのは、以下のような内容である。

①氏名
②生年月日
③入信年月日
④帰省先住所
⑤自宅電話番号

壮年部	40歳以上の男性	
婦人部	40歳以上及び既婚の女性	
男子部	39歳以下の男性(既婚者も含む)	青年部
女子部	39歳以下の未婚の女性	青年部
学生部	大学生の男女	青年部
未来部	18歳未満の男女	青年部

図表1　創価学会の機構の一部

⑥携帯電話番号
⑦職業
⑧本尊の安置状況
⑨『聖教新聞』を購読しているかどうか
⑩会合への参加状況
⑪財務をしているかどうか
⑫歴代の統監責任者

創価学会は、巨大な組織である。そのため、組織の構造はかなり複雑になっている。ここではその概略を説明しておこう。

創価学会には「四者」ということばがある。これは、「壮年部」、「婦人部」、「男子部」、「女子部」の四つの部のことをさしている。

壮年部は、基本的に四〇歳以上の男性が所

属する。

婦人部も、年齢的には壮年部と同じだが、年齢が若くても、既婚者（たとえ離婚しても）であれば、婦人部に所属する。

男子部は三九歳までの男性が所属する。男子部には既婚者も含まれるが、女子部は三九歳までの未婚者である。

ただし、大学生であれば、男子は「学生部」、女子なら「女子学生部」に所属する。

一八歳未満が所属するのが「未来部」である。未来部はさらに、「少年少女部」、「中等部」、「高等部」に分かれている。少年少女部には未就学児童と小学生が含まれる。入会したばかりの赤ん坊も、少年少女部の部員ということになる。

それぞれの部には部長がいて、各部は全国組織になっている。ただし、実際の活動は地域単位でおこなわれている。

中心にあるのが東京都新宿区の信濃町《しなのまち》に本拠を構える「学会本部」である。その下に一四の「方面」がある。方面は、一般に言われる地方と重なる部分が多い。ただし、沖縄が九州方面に含まれず独立しているほか、関東周辺はかなり違う。関東は次のようになっている。

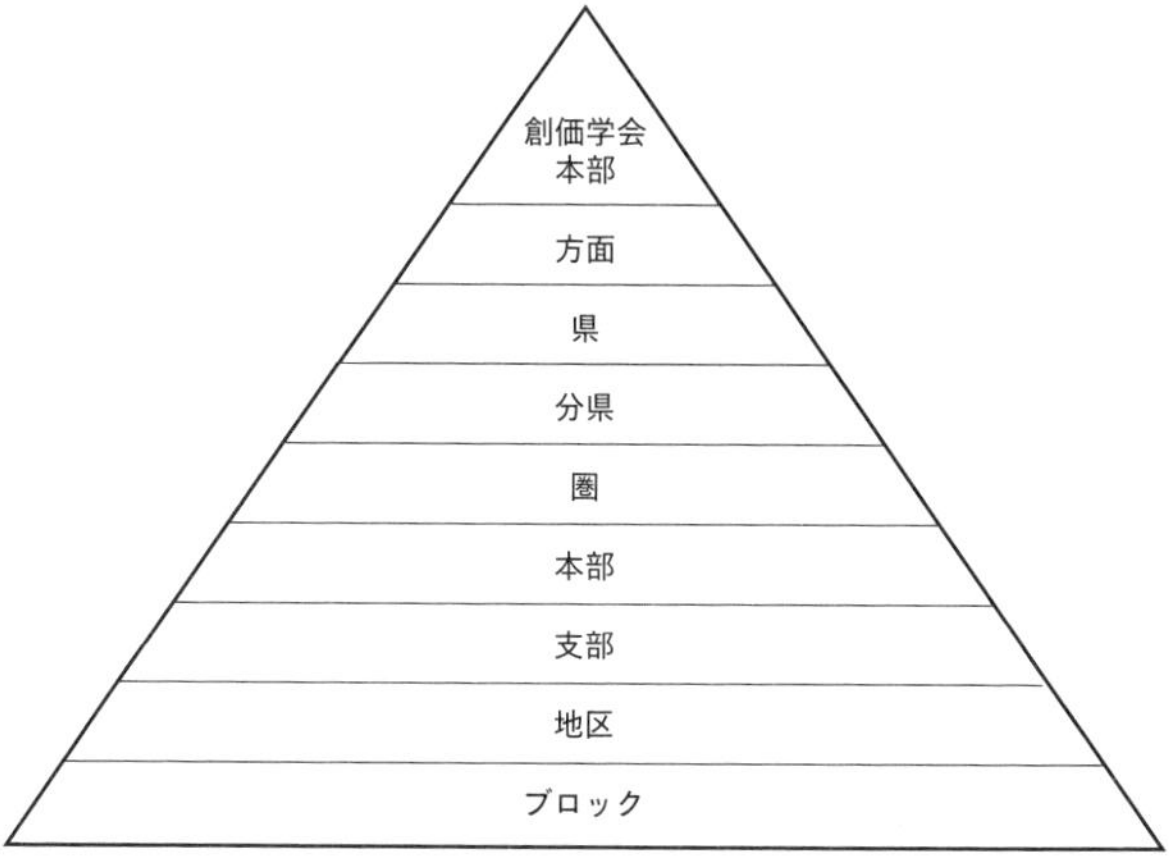

図表2　創価学会全体の組織図

「東京」　東京二三区、山梨県
「第二総東京」　多摩地域
「関東」　千葉県、埼玉県、茨城県、栃木県、群馬県
「東海道」　神奈川県、静岡県
「信越」　新潟県、長野県

方面の下は、かなり複雑である。

創価学会本部がホームページで公表している組織図では、「方面長」の下に「方面運営会議」があり、その下に「県長」、さらにその下に「県運営会議」と続いていく。

その下は、「分県」、「圏」、「本部」、「支部」、「地区」、「ブロック」と続いていき、ブロックが最小の単位である。

この組織図を見ると、創価学会の組織はピラミッド型の構造をしているように思える。

「ピラミッド構造」ではない複雑な組織

ところが、地域によって組織のあり方はかなり違う。

たとえば、山形県内の組織は、全体が「山形総県」と呼ばれる。その下には、「山形太陽圏」、「山形池田圏（米沢市《よねざわし》）」、「南陽王者圏（南陽市《なんようし》、高畠町《たかはたまち》、川西町《かわにしまち》）」がある。山形太陽県は、山形池田圏と南陽王者圏に含まれない山形県内の地域ということになる。

ところが、同じ東北地方でも、宮城県となると、全体は宮城総県ではなく「総宮城」と呼ばれる。

総宮城の下には、「第一宮城総県」、「第二宮城総県」、「第三宮城総県」と三つの総県がある。

第一宮城総県は仙台市のことである。その下には五つの総区があり、それは仙台市の区と重なる。「青葉《あおば》総区」や「宮城野《みやぎの》総区」などである。

第二宮城総県は、仙台市よりも北の地域をさし、その下に、「石巻《いしのまき》躍進県」、「宮城新世

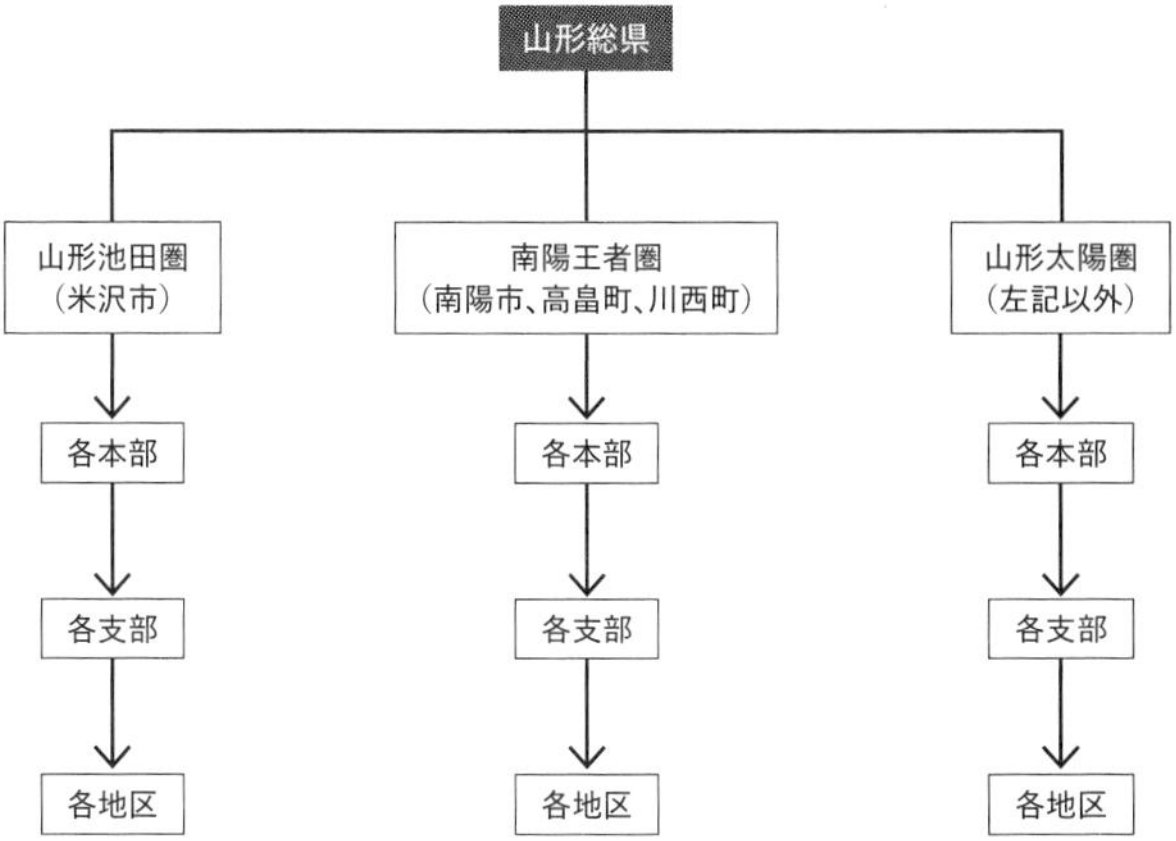

図表3　山形県の創価学会組織図

紀県」、「宮城太陽県」がある。石巻躍進県は石巻市、宮城新世紀県は気仙沼市、宮城太陽県は多賀城市《たがじょうし》などが中心である。

石巻躍進県の下には、「石巻牧口圏」、「石巻戸田圏」、「石巻池田圏」などがあり、さらにその下には本部や地区がある。

第三宮城総県は、仙台市より南の地域で、その下には名取市《なとりし》を中心とした「宮城勇舞県」がある。

第一章で述べたように、創価学会では、政界に進出する際に、組織を縦線から横線に改め、地域を基盤とするようになった。

したがって、選挙の区割りと対応しているところはある。衆議院選挙では、宮城県は六つの選挙区に分かれている。創価学会の組織は、次のようにそれと重なる。

衆議院　創価学会
第一区　第一宮城総県青葉総区・太白《たいはく》総区
第二区　同宮城野総区・若林《わかばやし》総区・泉《いずみ》総区
第三区　第三宮城総県
第四区　第二宮城総県宮城太陽県
第五区　同石巻躍進県
第六区　同宮城新世紀県

選挙は、衆議院や参議院の国政レベルだけではなく、地方選挙もある。第一章でもふれたように、最初、創価学会は地方選挙からはじめた。

そうである以上、市や町村もそれぞれが一つの単位になるわけで、創価学会の組織はそれにも対応していると考えられる。

創価学会の組織がきれいなピラミッド構造になっていないのも、選挙活動の都合が一つ

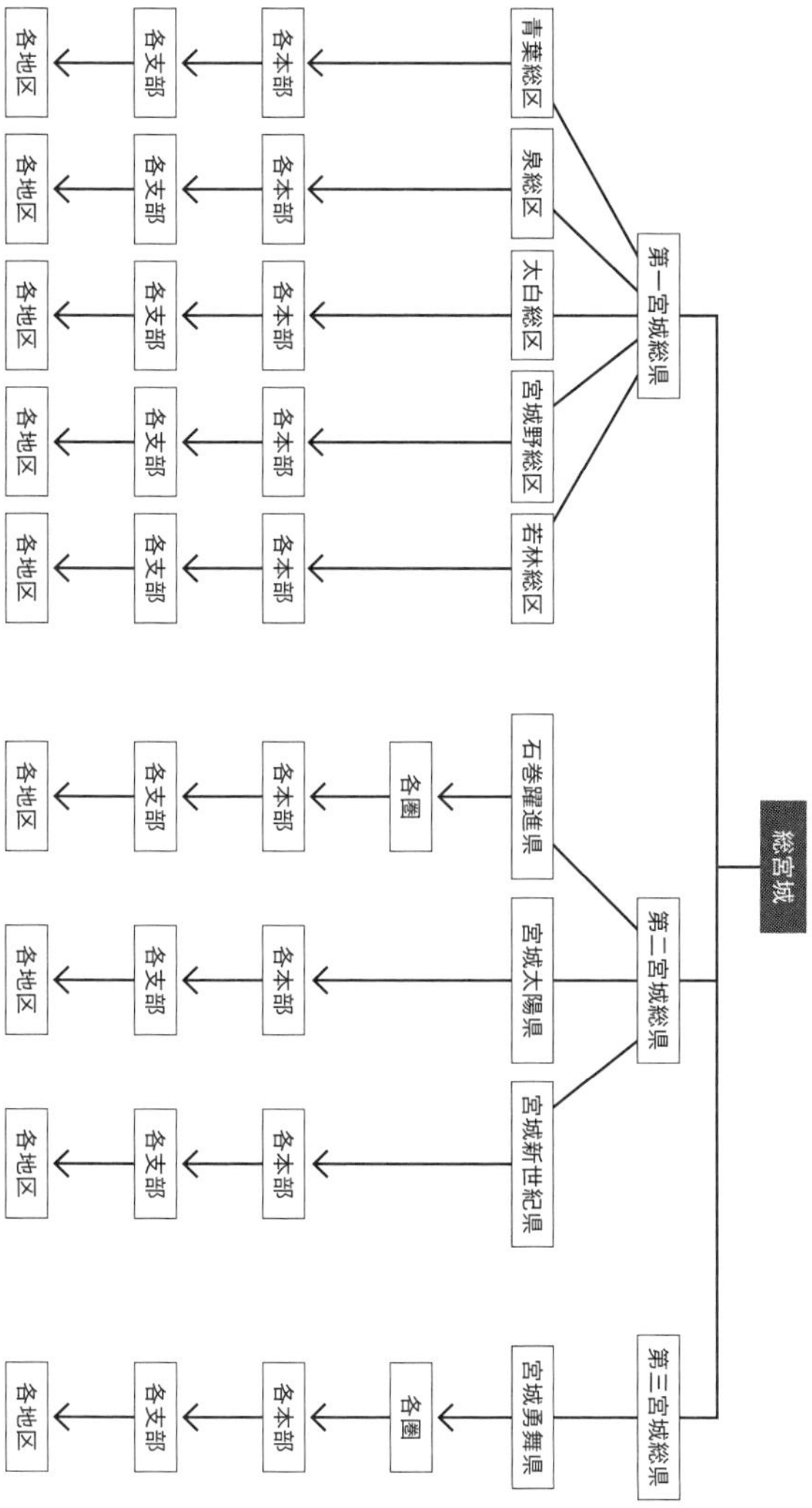

図表4　宮城県の創価学会組織図

の原因になっているものと思われる。また、新しい会員が増えていったことで、組織のあり方が変わるということもある。

さらに、選挙の区割りが変更になることも、創価学会の組織をより複雑なものにしている。ちなみに、宮城県で次に総選挙があれば、仙台市太白区の一部の地域が宮城第三区に含まれることになっている。創価学会の組織がそれに対応するとすれば、変更が必要になってくる。

創価学会の組織はこれだけ複雑なため、外部の人間が、創価学会の組織の全体像を理解することは不可能に近い。実際、それを教えてくれる資料は存在しない。

学会本部が地方組織の全体像を公表していないので、たとえ会員であってもそれを把握してはいないはずだ。学会本部には、全体像を理解している人間がいるはずだが、それはかなり限られるのではないだろうか。

ほかにも、創価学会には、有志が参加する会や班、グループがある。「牙城会《がじょうかい》」（男子部）」や「白蓮《びゃくれん》グループ」（女子部）」などである。

さらに、芸能人の「芸術部」をはじめ、医者の「ドクター部」、団地に住む会員の「団地部」、離島に住む会員の「勝利島部《しょうりとうぶ》」（旧離島部）」などがある。

それぞれの地域組織には、リーダーとなる長がおり、圏長や部長を名乗っている。もっとも活動的なのが、数多く存在する「地区婦人部長」である。役職についているということは負担でもあるが、それを生きがいにしている会員も少なくない。

統監カードに話を戻せば、会員が引っ越しをしたとき、カードは引っ越し先の組織に渡される。『聖教新聞』を購読していれば、すぐに配達がはじまり、その地域の地区婦人部長が挨拶に訪れる。

普段、統監カードは、地区の地区部長が厳重に管理している。二カ月に一度、地区の関係者が集まる統監部の会合が開かれ、そこで新入会員や転出転入、退会などが確認される。それは地区全体の数を示した「地区統監シート」に記入される。そのシートは次に支部でおこなわれる支部統監に回され、さらに本部統監に回される。シートはマークシートになっていて、区、圏、分県、県統監というように上位の組織に送られていくが、その際にはウェブシステムに入力される。したがって、学会本部も共有している。

つまり、学会本部は会員の数を把握している。それが外に公表されることはない。ただ、統監をおこなう会員は退会者が出るのを好まないため、退会を申し出ても、会員として数えられている可能性もある。

生後すぐ会員にさせられるのは憲法違反か

「親が創価学会」であるというだけで、子どもも創価学会の会員になる。

これは、日本国憲法が保障する「信教の自由」に違反するのではないか、そのように考える人もいるに違いない。

これはなかなか難しい問題である。

そもそも、こうしたことは創価学会だけの問題ではない。

もし「親がカトリック」なら、親は生まれた子どもを所属する教会につれていき、神父に「幼児洗礼」を施してもらう。その際には、必ず「洗礼名」を授けられる。洗礼名には、パウロやマリアなど、有名な聖人の名前が用いられる。

これによって、赤ん坊は、自分が知らないうちにカトリックの信者になる。プロテスタントのなかにも、幼児の段階で洗礼を受けさせるところがある。

一般の仏教教団であれば、家が単位になっており、特定の寺の檀家《だんか》になっていれば、生まれたときからその宗派の信者ということになる。ただし、洗礼のような特別な儀礼はない。

神道の氏子《うじこ》も同様である。神社のある地域に生まれれば、自動的にその信者になる。

「初参り」というしきたりが広がっているが、行くのは主に地域の神社である。それによって赤ん坊は氏子の仲間入りをしたことになる。

日本ではまだ数が少ないが、イスラム教だと、神道に近い。イスラム教はスンニ派とシーア派の二つに分かれている。多数派であるスンニ派では、信者のつとめとして「五行」が定められていて、そのなかに「信仰告白」が含まれる。

これは、イスラム教に入信するときに、「アシュハドゥ　アンラー　イラーハ　イッラッラーワ　アシュハドゥ　アンナ　ムハンマダン　ラスールッラー」と唱えることをさす。その意味は、「アッラーのほかに神はなし、ムハンマドはその使徒である」というものである。

ただこれは、ほかの宗教からイスラム教に改宗した際におこなわれはしても、イスラム教の家に生まれたというときには、そういう機会が用意されているわけではない。赤ん坊では、これは唱えられない。実際には、イスラム教の家に生まれたことで、自動的に信者になっていく。

つまり、宗教がなんであれ、特定の信仰を持つ家に生まれた人間は、最初から信者として扱われるわけである。

こうした家の親に対して、子どもにも信教の自由があるからと言って、入信させないようにするのは、実際的に不可能である。また、親の方も納得しない。

宗教は生活と密接にかかわっている。信仰を持つ家庭の子どもに宗教と無縁な生活を送らせることは難しい。それに、親が子どもに信仰を伝えることも、信教の自由としてとらえられる。

赤ん坊には、信仰を与えられたことが良いことなのか、それとも悪いことなのか、その判断はつかない。そうしたことについて考えるようになるのは、かなり成長してからである。

なかには、創価学会の信仰をそのまま受け入れ、会員としての生活を送っていく者もいる。

反対に、成長してから、親から与えられた信仰に疑問を持ち、脱会まで考えるようになる者もいる。

そこには決定的な違いがあるが、親の方は、子どもが信仰を持ち続けてくれることを願う。そして、子どもたちを創価学会の活動に参加させていく。こうした活動は、「学会活動」と呼ばれる。

子どもたちはまず「勤行」と「唱題」をしこまれる

学会活動にはさまざまなものがあるが、なんと言っても、基本は家庭での「勤行」である。

学会本部は、二〇一五年一一月一六日に新しい「勤行要典」を発表した。これは、従来の勤行のやり方を簡略化したもので、所要時間が短縮された。

勤行は仏壇に祀られた本尊に向かっておこなわれ、まず「南無妙法蓮華経」の題目を三度唱える。これは、「題目三唱《さんしょう》」と呼ばれる。題目三唱は、勤行以外にも、さまざまな場面でおこなわれる。

その後、『法華経』の「方便品」全体と「如来寿量品」のうち「自我偈」を唱え、題目も唱える。そして、題目三唱をおこない、「一、御本尊への報恩感謝」、「二、三代会長への報恩感謝」、「三、世界広宣流布の祈念と回向《えこう》」を唱え、最後は題目三唱で締めくくる。勤行は、新入会員でも一五分程度で終えることができる。

しかし、熱心な会員になるほど、「自我偈」を唱えたあと、くり返し「南無妙法蓮華経」の唱題《しょうだい》をおこなう。毎日、一時間唱題をおこなうという人は珍しくない。連続して一〇時間おこなう「一〇時間唱題」に挑む会員もいる。日蓮正宗には、「丑寅《うしとら》勤行」というものがあり、午前二時半から四時までおこなう。創価学会の会員もかつてはそこに参加した。

何か問題が起こったときには、とりあえず、勤行や唱題をおこなう。ほかの会員に対してもそれを勧める。創価学会の会員であるということは、勤行をおこない、唱題をくり返すということでもある。

「親が創価学会」の子どもたちも、親に言われ、勤行や唱題をおこなう。そうすることで、幼い子どもでも、「方便品」や「自我偈」がすらすらと口をついて出てくるようになる。まずは勤行と唱題というスタイルが、子どもたちに受け継がれていくのである。

「座談会」とは何か

次が「座談会」である。

座談会は、第一章でも述べたように、戦前の創価教育学会の時代に、牧口常三郎がはじめたものである。

現在、座談会は地区を単位にひと月に一度開かれる。場所は、地区部長などの自宅が使われる。

座談会の際には、はじめと終わりに題目三唱がおこなわれるので、会場として使われる家にある仏壇に向かう形になる。会員は、本尊を祀るために仏壇を用意しており、熱心な会員になれば立派な仏壇を購入している。

街のなかには、「正宗用仏壇」と称する仏壇店があるが、これは、創価学会の会員向けの仏壇を販売している店のことである。現在では、「創価学会用仏壇」となっていることもある。

座談会は、以前は一時間半程度かかったが、現在では一時間に短縮されている。その内容はおおよそ次のようなものである。

①題目三唱
②学会歌の合唱
③巻頭言（機関誌の『大白蓮華《だいびゃくれんげ》』に掲載される）拝読
④青年部コーナー　ゲームなどもある
⑤未来部コーナー　活動報告
⑥体験発表、近況報告など

⑦御書講義　地区の幹部による
⑧幹部の挨拶
⑨題目三唱

学会歌は、創価学会に独自の曲で、第一章でもふれた「威風堂々の歌」のほかに、「人間革命の歌」、「世界広布《こうふ》の歌」などがある。

子どもも座談会に連れていかれるが、年齢が低ければ低いほど、興味を持つのは難しい。ある程度の年齢にならなければ、座談会に定期的に出席することはない。

池田大作氏に魅了されるシステム

「親が創価学会」であれば、子どもたちは、地域の会館でおこなわれる本部幹部会の中継にも連れていかれる。

二〇一〇年まで、本部幹部会の目玉となっていたのは池田氏の講演だった。私も二度ほど見たことがあるが、一九九四年に見たときのものはとても印象に残っている。

池田氏は、幹部会がはじまったときには、まだ会場には姿を現していない。そのときは、芸術部のメンバーが歌を歌ったり、会長（当時は秋谷氏）が挨拶をしたりした。芸術部は芸能人の組織である。

そうしたことがしばらく続いていると、突然、大きなスクリーンに映し出されていた幹部会の会場の様子に変化が見られた。ざわつき出したのだ。すると、中継を見ている会館に集まった会員たちの空気も変わった。緊張感が走ったのだ。

スクリーンのなかに池田氏が登場した。スクリーンのなかでも、会館の方からも拍手が巻き起こる。集まった会員たちのお目当てが、池田氏にあることがよくわかる。

池田氏は、まず芸術部のメンバーに話しかけた。少しからかうような感じだった。池田氏が「歌いたいなら歌いなさい」と言うと、メンバーは感動の表情を浮かべ、喜々として歌いはじめた。

それが終わると、池田氏のスピーチがはじまった。原稿は用意されているが、時折話は脱線する。『聖教新聞』には、用意された原稿がそのまま掲載されるが、会員を楽しませ、また鼓舞するのは、脱線の部分である。

脱線した部分での池田氏の話は、ユーモアに溢《あふ》れ、会員でなくてもおもしろく聞けた。ただ、「創価学会には人材がいない」と言い切ったところでは、厳しさも見せた。壇上には、会長をはじめ、幹部がいたにもかかわらずである。一般の会員には優しく接するが、幹部には厳しい。池田氏にはそうした面があった。

私が二度目に見たのは、池田氏が本部幹部会を欠席する少し前のことだった。スピーチは代読で、池田氏は時折それに口を挟む程度だった。しかも、口を挟んだ部分は、最初に見たときのような鋭さもユーモアの感覚も失われていた。

私が二度目に見た衛星中継に接しても、会員の子どもたちは、池田氏が偉大だとは感じないかもしれない。だが、私がはじめて見た中継に接したなら、池田氏の威厳ある態度に感化されたであろう。

何より、会員の子どもたちは、物心ついたときから、「池田先生はすごい」、「先生のためにがんばろう」、「先生のために祈ろう」と親や周囲の会員から言われ続けている。『聖教新聞』にも、毎日池田氏の写真が掲載され、世界各国の自治体や組織、大学から表彰されたり、名誉博士号を授与されたりということが報道されている。

そんな環境で育てば、子どもたちは、池田氏が並はずれて偉大な存在であり、自分の親を含め、会員たちから、さらには世界から厚い信頼を得ているということを刷り込まれ、それに何の疑問も感じなくなる。

私が接した二度目の衛星中継では、幹部会に、『パイレーツ・オブ・カリビアン』などに出演した映画俳優のオーランド・ブルームも参加していた。

彼は、姉の影響で、創価学会の国際組織である創価学会インタナショナル（ＳＧＩ）に入会しており、すでに池田氏とも親交があった。ブルームは池田氏に金色のリンゴの置物を贈呈した。彼は、偉大な「池田先生」に会えたことで大いに感激していた。

二世の信仰心を強化させた「世界平和文化祭」

かつては、創価学会の子どもたちが、直接池田氏に会える機会が設けられていた。それが「世界平和文化祭」である。

第一回はアメリカのシカゴで一九八一年に開催されたとされているが、それに先立って一九七三年には大石寺で行われている（これに言及しないのは日蓮正宗と決別したからだろう）。日本の会員には関係がない。第二回は、埼玉県所沢《ところざわ》の西武ライオンズ球場（現在のメットライフドーム）を会場にして、一九八二年九月一八日と一九日の両日にわたって開催された。

その後も、地域を変えながら、世界平和文化祭は継続される。今のところ最後は、一九九八年一一月一四日と一五日にナゴヤドームで開催された第一八回だった。

世界平和文化祭には、会員の子どもたちが駆り出され、マスゲームや人文字を披露した。

これに参加するには相当な時間をかけた訓練が必要である。それでも、若い会員たちがそれをやり遂げたのは、自分たちの演技を池田氏に見てもらうためだった。

一九八五年には、七月四日に第五回が、一〇月二〇日に第六回が開催されている。その年からは、四月一四日の「徳島青年平和文化祭」を皮切りに、各都道府県を単位に平和文化祭が開催された。ほかにも、似たようなイベントが各地でくり返されてきた。

世界平和文化祭の場合には、必ず池田氏が出席した。しかし、都道府県単位の平和文化祭などになると、出席がかなうかどうかがわからなかった。

池田氏の一九八一年までの活動をつづった『新・人間革命』（全三〇巻、聖教新聞社）を見ると、自身の体調のことにふれている箇所が多く見られる。池田氏は若い頃に結核にかかったことがあった。体調によって、出席できるかどうかが左右されたのである。

都道府県単位の青年平和文化祭に出演する会員たちも、日頃厳しい練習を重ねており、自分たちが頑張れば、「池田先生が来てくださる」と信じていた。

ところが、それがかなわないときもあった。そのときは、「自分たちの信心が足りなかったから、出席がかなわなかったのだ」と、むしろ自分たちの努力の足りなさを反省した。

第二回から第一八回まで一六年間にわたって続いた世界平和文化祭は、そこに参加した若い会員たちのあいだに強い連帯感を生むことにつながった。そのことは、「親が創価学会」である子どもたちに信仰を継承させる上で、相当に重要な役割を果たしたのである。

二世以降だと難しい大規模イベントの継続

しかし、一九九八年の第一八回を最後に世界平和文化祭は途絶えている。現在では、子どもたちも学校の部活や塾、予備校、あるいはお稽古事で忙しくなり、たとえそうした機会が用意されたとしても、長期にわたる練習への参加は難しいようだ。

世界平和文化祭の中断には、創価学会の発展の歴史も深くかかわっている。

創価学会が大きく発展するのは、第一章でもふれたように、戸田城聖が二代会長に就任した一九五一年以降のことである。

創価学会が頂点を極めた時期がいつかを判断することは難しいが、一応の目安としては、大石寺に正本堂が建立された一九七二年頃ではないかと考えられる。翌七三年にはオイル・ショックが起こり、創価学会を巨大教団に押し上げた高度経済成長は曲がり角を迎えた。

創価学会の入会者がもっとも多かった時期は一九六〇年代である。入会した時点で、多くの会員は二〇歳台で、それも前半に集中していた。

そうした会員たちが、一九六〇年代後半に結婚し、子どもを儲けた。となると、「親が創価学会」の最初の世代は、一九六〇年代の後半から七〇年代の生まれということになる。そうした子どもたちは、「学会二世」とも呼ばれる。

彼らは、世界平和文化祭が日本ではじまった一九八二年には、中学生や高校生になっていた。世界平和文化祭の開催が可能だったのも、それが関係している。創価学会のなかに、若い二世会員が大量に生まれたことで、彼らを動員しての大規模なイベントが可能になったのである。

今のところ最後の開催となった一九九八年ともなれば、すでにそうした子どもたちは成人し、大学生や社会人になっていた。その年齢では、時間を削って練習に参加することは難しい。

また、親の側も、自分で信仰を獲得した学会一世よりも、二世会員の方が増えていた。一世と二世では、信仰にかける意気込みが違う。親自身が学会二世だと、自分の子どもたちを叱咤激励《しったげきれい》し、苦しい練習に参加させようということには、なかなかならないのである。

その点で、世界平和文化祭は、二世会員の信仰心を強化することに大きく貢献するものではあっても、一時期のものに終わってしまったのである。

創価学会の子どもたちだけで結成される合唱団

現在では、世界平和文化祭はおこなわれなくなっているし、それに代わるものもない。ただ、会員の子どもたちがかかわる日常的な学会活動の一つに、「合唱団」がある。それは、小学生以下の少年少女部に属する子どもたちが対象である。

子どもたちが属する未来部のなかで、最初に誕生したのが高等部である。それは一九六四年六月のことだった。翌六五年一月には中等部が誕生した。高等部は高校に通う子どもたちを、中等部は中学校に通う子どもたちを対象とする。

少年少女部は、最初、少年部として結成された。一九六五年九月のことだった。

池田氏は、中等部が結成される際に、次の五原則を提案している。

①勤行をしっかりする。

②勉強をしっかりする。
③学校にきちんと行く。
④親に心配をかけない。
⑤正しく明るい毎日を送る。

勤行のことが一番最初に掲げられているのは、いかにも創価学会らしい。

池田氏は、少年少女部が結成されたときに、合唱団の結成も提案した。それによって、一九六六年五月には「富士少年合唱団」と「希望少女合唱団」が結成された。

これは全国に波及し、各地に合唱団が誕生した。現在未来部のホームページに紹介されているものでは、一四七の合唱団が存在している。

合唱団より前からあって、未来部の子どもたちも参加するのが「富士鼓笛隊」で、これも全国にある。

鼓笛隊の発案も池田氏だった。一九五六年七月のことで、池田氏は当時青年室長だった。鼓笛隊は女子部と未来部の子どもたちで構成されている。

鼓笛隊では毎年募集がおこなわれ、創価学会の行事だけではなく、地域のイベントにも参加する。

系列学校への進学は創価エリートへの道筋

もう一つ、会員の子どもたちがめざすことになるのが、創価学会系の学校への進学である。周囲の会員から進学を勧められることもある。

学校法人創価学園が創立されたのは一九六八年のことで、最初は創価中学校と創価高等学校が開校した。ともに男子校である。

それ以降、大阪に創価女子中学校・高等学校（一九七三年）、札幌《さっぽろ》創価幼稚園（七六年）、東京創価小学校（七八年）、関西創価小学校（八二年）が開校している。

一九八二年には、中学校と高等学校は関西を含め男女共学になった。したがって、創価女子中学校・高等学校は関西創価中学校・高等学校と改称された。

そして、第一章でも述べたように、一九七一年には創価大学が創立される。創価大学の方が創価学園よりも後に誕生したため、創価学園が大学の付属校というわけではない。ただ、これによって、小学校から大学までの一貫教育が可能になった。

創価学園では生徒の九五％以上、創価大学だと学生の九〇％以上が創価学会の会員家庭の出身とされる。職員もほとんどが会員である。最近では、創価大学でも会員である教員が増えており、学長も創価大学の出身者が就任するようになってきた。

ただし、創価大学には仏教学部のように仏教を学ぶ学部や学科はない。また、キリスト教のミッション・スクールや仏教系の学校でおこなわれている宗教教育もおこなわれていない。そこが創価学会系の学校の一つの特徴である。ほとんどの学生や生徒が会員家庭の出身なので、その必要がないとも言われる。

「親が創価学会」であれば、親は子どもに創価学園や創価大学への進学を希望する。子どもを「池田先生が創立した学園や大学」に入れることは、会員にとって名誉なことと考えられている。なかには、東京大学に合格していながら、創価大学に進学したという信仰に熱心な若者もいる。

創価学園や創価大学は、創価学会のなかのエリートが進学する学校として、組織のなかでは受け取られている。

ただ、世間一般の評価は、必ずしもそうではない。そこにズレがあり、そのことが微妙な問題を生むこともある。自分はエリートだと思いながら育ってきた創価学園、創価大学の卒業生が、社会に出て、自分がそのように扱われないことにショックを受けたりするのである。そもそも創価学会系の学校の卒業生は、一般の人たちから創価学会の会員であると自動的に認識されてしまう。

以上のように、創価学会では、子どもたちにも学会活動の機会を与えることで、親の信仰を受け継ぐ仕組みが作り上げられている。それが、創価学会の強みになっていることは間違いない。

しかし、それによって「親が創価学会」の子どもたちが、成長してからもずっと会員であり続けるわけではない。また、活発に活動するとも限らない。

子どもが成長していくなかで、親に反発するということは、どの家庭でも起こることである。それが、「親が創価学会」の人間の場合には、信仰がからんで、事態が複雑になる。

そうなると、かえって信仰を受け継がせる仕組みができあがっていることがマイナスに働く。子どもが、それをうっとうしいものと感じ、そこから信仰を伝えようとしてきた親に疑問を持つようになるからである。信仰を押しつけられた。そうした意識を持つ子どもたちも出てくる。創価学会系の学校への進学も親から無理に押しつけられることもある。

次の章では、「親が創価学会」である子どもたちが、成長してどうなるのかを見ていくことにする。

第三章　なぜトラブルに直面するのか

修学旅行で参拝できない子どもたち

「親が創価学会」であれば、さまざまなトラブルに直面する。

最初の大きな出来事は、修学旅行の際に起こる。

中学生や高校生になれば、修学旅行の機会がめぐってくる。最近では、修学旅行の行き先や内容は多様化しているし、地域によっても変わる。だが、もっとも多いのは京都や奈良への修学旅行である。それが定番である。

京都にはかつて平安京《へいあんきょう》があり、都である時代が長く続いた。そうした歴史を反映して、京都には神社仏閣が多い。

奈良は、京都よりも前に都が置かれていたところで、やはりたくさんの神社仏閣がある。

奈良に修学旅行に出かけるというとき、目的地に選ばれるのは東大寺、春日大社《かすがたいしゃ》、法隆寺《ほうりゅうじ》などである。

京都では、金閣寺《きんかくじ》、清水寺《きよみずでら》、伏見稲荷大社《ふしみいなりたいしゃ》、宇治平等院《うじびょうどういん》などである。

どれも仏教の寺院であり、神道の神社である。

修学旅行で神社仏閣を訪れるのは、信仰のためではない。参拝が目的ではないわけだ。

そうした神社仏閣が日本の歴史のなかで重要な役割を果たしてきたから訪れるのであっ

て、目的は歴史の学習である。

創価学会は、ほかの宗教や宗派を否定する傾向が強い。そのため、神社の鳥居をくぐったり、寺院の境内に立ち入ったりすることを会員に対して長く禁じてきた。

とくにそれは、創価学会が日蓮正宗と密接な関係を持っていた時代に言える。あるいは創価学会が急速に拡大していた時代にはその傾向が強かった。

現在では、その点にかんしてかなり緩くはなっている。鳥居をくぐってもかまわないとする会員も多くなった。

それでも、現在の会員のなかに、神社の鳥居をくぐることさえ忌み嫌う人たちがいる。まして神社仏閣に参拝するなど、「謗法」にほかならないと考える会員もいる。

創価学会の会員の子どもが、修学旅行の際に、親から禁じられた神社仏閣に入ってしまい、それに気づいて、してはならないことをしてしまったと自責の念にかられ、真っ青になって座り込んでしまうようなこともある。

あるいは、神社の鳥居をくぐることを頑《かたく》なに拒むような会員の子どももいて、クラスメイトを驚かせることもある。

クラスメイトの方は、なぜそうするのかがわからないため、その子に対して理由を尋ねる。すると、その子が創価学会の家に育ったことが明らかになる。

それまで友だちに知られていなかった事実が、そこで明らかになるのである。

日本人のなかには、自分は「無宗教」であると考えている人は少なくない。子どもであれば、自分は宗教など無関係で、クラスメイトも同じはずだと思っていることが多い。たしかに、一般の家庭なら、日常生活を送る上で信仰はほとんどかかわってこない。

修学旅行先に神社仏閣を選ぶというとき、選ぶ学校の側には、信仰を押しつけるという意識などないはずだ。

だが、それを押しつけとしてとらえる人間もいる。それは、個々の人間の宗教についての考え方にもとづくことなので、そうした人間に対してこれは押しつけではないと簡単に納得させることはできない。

これは創価学会の事例ではないが、学校現場で信仰のことが大きく問題になったものに、「エホバの証人」の信者が必修科目である武道の授業を受けることを拒否した出来事がある。

エホバの証人はアメリカで生まれたキリスト教系の新宗教で、聖書について独自の解釈をおこなっている。その一つが、学校で武道の授業を受けることの禁止である。信者の生徒たちはそれに従ったのである。

これに対して、学校は最終的にその生徒を退学処分とした。そこで生徒の側は、それを不当として裁判に訴えた。

地方裁判所における一審では、学校側のやり方が「信教の自由の保障する限界を逸脱し」ておらず、「著しく反社会的なものである」とは言えないとして、原告の生徒の請求を棄却した。

ところが、高等裁判所における二審と最高裁の判決では、武道に代わる手立てを与えなかった学校側に問題があったとして、原告の主張が認められた。

これによって、ほかの学校でも、同様の出来事が起こったときには、信教の自由を優先しなければならなくなった。

創価学会の子どもや親が、修学旅行で神社仏閣を訪問させられたことで、信教の自由を侵されたと裁判に訴えた事例は、今のところない。そのため、社会的な問題にはなってこなかったが、信教の自由を重んじるのであれば、なんらかの配慮は必要なはずである。

なぜ鳥居をくぐってはいけないのか

ではなぜ創価学会では、ほかの宗教や宗派をいっさい認めないのだろうか。

第一章でふれたように、創価学会では、折伏という布教の方法を重視してきた。そのために、創価学会は『折伏教典』というものを用意し、会員に折伏の方法を教えた。『折伏教典』は版を重ね、くり返し内容が改められた。ただ、自分たちの信仰は絶対に正しく、ほかの宗教や宗派の信仰は根本的に間違っているとする点についてはずっと変わらなかった。『折伏教典』は、最初一九五一年に刊行され、六八年に刊行されたものがもっとも新しい。

創価学会では、日蓮を信奉しているわけだが、日蓮は「四箇格言《しかかくげん》」ということばを残している。四箇格言とは、「念仏無間《ねんぶつむけん》、禅天魔《ぜんてんま》、真言亡国《しんごんぼうこく》、律国賊《りつこくぞく》」というものである。念仏とは、とくに浄土宗の開祖となった法然の教えのことをさす。禅は禅宗、真言は真言宗、そして律は律宗のことである。こうした宗派は、とんでもない間違いを犯しているというのが日蓮の主張だった。

日蓮は、比叡山延暦寺《えんりやくじ》で学び、『法華経』を中心とした天台宗の教えを正しいとしてきた。

ところが、巷《ちまた》では、浄土宗や禅宗、あるいは真言宗や律宗がはびこっている。そうした事態が放置されたままであれば、外国から攻められ、国内では騒乱が起こると、日蓮は予言した。その予言は、蒙古《もうこ》が来襲することで的中した。

最初、日蓮がもっぱら批判の対象としたのは法然の浄土宗だった。ところが、しだいに密教を批判するようになる。しかも、密教の宗派である真言宗だけではなく、天台宗のなかで密教を取り入れることに熱心だった円仁《えんにん》や円珍《えんちん》といった最澄《さいちょう》の弟子についても厳しく批判するようになっていった。日蓮が最後まで批判しなかったのは最澄だけかもしれない。

こうした日蓮の教えがあるために、創価学会ではほかの宗教や宗派の信仰をいっさい認めないのだが、さらにそこには日蓮正宗の影響もあった。

日蓮正宗では、ほかの日蓮宗とは異なる独自の教えを説いてきた。そのなかには、本山である大石寺に所蔵された本尊だけが本物で、正しい信仰は日蓮正宗の代々の法主にだけ受け継がれてきたというものがあった。

これは、日蓮正宗の教えだけが正しく、ほかの宗教や宗派の教えは根本的に間違っているという考え方に結びつく。

日蓮正宗では、ほかの宗教や宗派を信仰することを「謗法」であるとし、それを厳しく禁じた。創価学会は、この教えを取り入れたわけである。会員のなかには、創価学会に入会し、日蓮正宗に入信する際に、「謗法払い」と称して、それまで持っていた神棚や仏壇、仏具などを焼き払ってしまう者さえいた。

創価学会に入会するまでキリスト教を信仰していたという人間は少なかったかもしれないが、もしそうなら、十字架を焼き払ってしまったはずだ。

こうしたことが背景にあるため、創価学会の子どもたちは、修学旅行の際に神社の鳥居をくぐることさえ拒んできたのである。

「学会歌」に表れる他宗教への拒絶

「学会歌」については第二章ですでにふれた。そのなかの代表的なものである「威風堂々の歌」（作詞は大橋幸栄。作曲は不詳だが、軍歌が元歌になっている）の三番の歌詞には、「北山《ほくせん》南河《なんが》は邪宗《じやしゆう》の都《みやこ》」という箇所がある。ここで言う「北山南河」とは、京都のことをさしている。

この歌が作られたのは一九五五年のことで、最初は創価学会の京都地区の「地区歌」だった。翌年、京都地区は京都支部となり、それに合わせて支部歌となったが、当時の池田大作青年室長の提案で、創価学会全体で歌われるようになった。

京都には、さまざまな仏教宗派の寺院があるし、神社もある。「威風堂々の歌」を歌う会員からしてみれば、そこは間違った宗教や宗派がはびこっている邪な場所にしか思えなかったのである。

創価学会や日蓮正宗では、ほかの宗教や宗派とかかわることを戒めるものとして、「謗法厳戒」ということばが使われてきた。

もう一つ、謗法厳戒ということばを使うのが「顕正会《けんしょうかい》」という新宗教である。正式には、「冨士大石寺顕正会」と言う。創価学会とも関係があるので、簡単に顕正会についてふれておきたい。

顕正会は、その正式な名称が示しているように、日蓮正宗の本山、大石寺と密接な関係を持っていた。一九五七年に墨田区吾妻橋《あづまばし》にある日蓮正宗の寺院、妙縁寺《みょうえんじ》の講《こう》としてはじまり、最初は「妙信講《みょうしんこう》」と呼ばれた。この場合の講は、俗人の信者の組織ということである。

ところが、創価学会が国立戒壇建立という目標を放棄してしまったために、妙信講は創価学会を強く批判するようになった。当時は、日蓮正宗のなかで創価学会が最大の講組織であり、抜群の影響力を持っていたため、日蓮正宗は妙信講を解散処分としてしまった。

その後、妙信講は顕正会と改称されたが、教えの部分では、創価学会や日蓮正宗と共通している。そのため、ほかの宗教や宗派を認めない謗法厳戒の考え方を打ち出しているわけである。顕正会を見ていくと、いくつかの点で、昔の創価学会を思い起こさせる。

一般の日本人の場合、生活のなかに仏教や神道の信仰が深く浸透していて、それを信仰として意識しないまま受け入れている。神社に参拝し、寺院に葬式や先祖供養を願うことは、「習俗」や「習慣」としてとらえ、信仰にもとづくものとしては考えていない。

そこに、創価学会（あるいは日蓮正宗の信者や顕正会の会員）の信仰を持っている人間と、それ以外の人間とのあいだに問題や対立、トラブルが起こる根本的な原因がある。

無宗教である一般の人間と創価学会の会員が対立しているように見えるわけだが、実は、一般の日本人も自覚しない形で信仰を持っているわけで、その点で創価学会の考え方と相いれなくなるのだ。

「片方だけが創価学会」で起こる問題

「親が創価学会」と言っても、親のなかに父親と母親の両方が含まれるのか、それとも片方しか含まれないのかで、事情は変わってくる。

一般的な核家族で考えた場合、両親がともに会員だということもあれば、片方だけが会員ということもあるわけである。

この二つの場合では、かなり状況が異なってくる。そのことが、子どもの信仰に大きな影響を与える。

また、たとえ両親がともに会員になっていても、信仰には温度差がある。片方が熱心で、もう片方はそれほど熱心ではない、あるいは一応会員にはなっているものの、学会活動はしていない、そういうケースもある。

片方だけが信仰を持っているというときにも、もう片方の親がそのことをどのように考えているのかが重要になる。創価学会のことを毛嫌いしているようなこともあるし、反対に、配偶者の信仰を温かく見守っているということもある。

信仰の違い、信仰の温度差は、さまざまな形で影響を与える。

一番違いが大きいのは、片方が熱心で、もう片方が信仰に反対している、あるいは信仰に嫌悪感さえ抱いているケースである。その場合、信仰、あるいは学会活動をめぐって夫婦のあいだで対立が起こり、それが原因で喧嘩《けんか》が勃発するということも少なくない。

信仰熱心な親は、子どもを自分の側に巻き込もうとするが、反対している親はそれをなんとか押し止めようとする。そうなると、子どもは両親のあいだで板挟みになってしまう。それは、子どもにとってかなり厄介な状況である。

多いのは母親の方が創価学会の会員で、父親が入会していないケースである。

第二章で説明した学会の組織、四者（壮年部、男子部、婦人部、女子部）のなかで、もっとも活動的なのが、主に既婚の女性によって構成される婦人部である。選挙の際にも、婦人部の会員がもっとも活発に動く。そのため、婦人部が納得しないことは、学会本部も実行できないと言われている。

たいがいの家庭では、親と子どもの関係は、母親と子どもの方が、父親とよりも密接である。育児や子育ては、現在でも母親が多くを担うという家庭が多い。子どもが保育園や幼稚園、学校に進んだというときも、ＰＴＡなど保護者としてかかわるのは母親であることが多い。

現在では、母親でも普段つとめに出ていることが格段に増えた。それでも、日常的に子どもと深く接するのは母親の役割であるという考え方は根強い。

となると、信仰に熱心な母親は、そうした状況を生かして、なんとか子どもを学会活動に引き込もうとする。

会員になっていない父親の方は、仕事に時間がとられることもあり、それを食い止めることが難しい。いつの間にか子どもが学会活動に積極的にかかわっているという事態も生まれる。

しかし、会員でない父親は、それを好ましいとは考えない。母親の方が信仰を持つのは、個人の自由で勝手だが、それに子どもまで巻き込まないでほしいと考える。

そこで両親は対立し、子どもの信仰をめぐって争うことになる。争う種はいくらでもある。

両親の方も、信仰をめぐって対立や喧嘩が絶えないということでは困るので、話し合い、ときには約束を交わしたりする。会員である母親の側が、子どもが大きくなるまで、学会活動にはかかわらせないと父親に対して約束するのである。

あるいは、父親が強く出ることで、母親自身が学会活動はしない、家でも勤行はしないと約束するようなこともある。これによって、信仰をめぐる戦いは休戦状態となるのである。

ところが、信仰をめぐる約束ほどあてにならないものはない。それも、信仰が人間のこころの深い部分にかかわっていて、そう簡単には消えてしまわないからである。

信仰の対立が招く家庭の危機

たとえば、ある夫婦がいたとする。

妻は「親が創価学会」で、自分も会員として活動してきた。夫は会員ではなく、家庭に信仰を持ち込むことを望んでいない。それでも二人は結婚し、家庭を持った。結婚する際に、夫は妻に信仰を家に持ちこまないよう約束させた。

妻は、表向き約束を守り、家で勤行することもなければ、学会活動などしていないように見える。だが、夫が仕事で外に出ているとき、どうしているかまではわからない。

子どもが生まれ、しばらく経っても、状況は変わらない。夫の方は、妻はもう会員ではない、信仰を捨ててしまったのだと考えている。

ところが、生まれた子どもが病気になったとする。それも重い病気で、長期にわたる治療が必要になった。

そのとき、妻は夫に対して、勤行をしたいと言い出す。それも必死の形相で頼んでくるのだ。

夫の方は、そんな非科学的なやり方で病気が治るものかと反対する。

妻の方は、勤行をするには、対象となる本尊を祀るための仏壇が要ると言う。もちろん、夫が信仰に反対してきたわけだから、その家には仏壇がない。

そうした状況になったとき、果たして夫の方は、仏壇を買うことを拒否し、妻に勤行を許さないままでいられるだろうか。

妻の側も、それまでは、信仰を表に出す必要はないと感じていたかもしれない。だが、子どもが重い病気にかかったとなれば、事態はまったく違う。子どもの頃から、困難な状態に陥ったら、まずは勤行をすると教え込まれ、それを実践してきたのだから、そうせずにはいられないのだ。

たとえ、子どもが重病にかかるという危機が訪れなくても、同じようなことはいくらでも起こる。

たとえば、ある家庭で、妻が夫に信仰を反対され、子どもからも信仰を持ち出すと家庭が大変なことになるので、それを持ち出さないでくれと言われていたとする。

しばらくのあいだ、妻は約束を守り、学会活動からも遠ざかり、勤行もしていなかった。けれども、こころのなかは変わっていないわけで、ふとしたきっかけで、いつの間にか元の状態に戻り、勤行をあげ、学会活動をするようになる。

夫がある日そのことに気づき、信仰を家庭に持ちこまない約束だったではないかと言い出したとしても、妻はもう聞く耳を持たない。そうしたことは、いろいろな家庭でくり返されている。

ただし、こうした「片親だけが創価学会」の家では、信仰は子どもに伝わりにくい。子どもは、自分が片方の親に言われて学会活動をすれば、もう片方の親と自分が対立関係になり、それがもめ事に発展することがわかっている。

そうなると、信仰からは逃げようとする。ある程度の年齢になれば、積極的に家を出ようとする。なんとか信仰による対立がないところで生活したいと願うのだ。

創価学会では、「一家和楽の信心」ということをスローガンに掲げている。一家が同じ信心、つまりは創価学会の信仰を共通して持つということである。それも、家族がばらばらでは、信仰はうまく親から子に伝わっていかないからである。信仰をめぐって対立が起これば、家族関係に多大な悪影響を与える。そうなれば、信仰の継承など考えられなくなるのだ。

「火の信心」と「水の信心」

こんな問題もある。

創価学会では、「火の信心」と「水の信心」ということが言われる。

これは、日蓮のことばがもとになっているもので、『上野殿御返事』という文書のなかに出てくる。ただし、この文書は写本しかなく、その写本も富士門流の祖である日興のものしか伝わっていないので、日蓮が書いたとするのは日蓮正宗や創価学会だけである。

そこには、『法華経』を信じる場合、「火のごとく信ずる人もあり。或《あるい》は水のごとく信ずる人もあり」とされている。火のごとく信じる人は、いったん燃え上がるものの、やがて信心から遠ざかるが、水のごとく信じる人は、燃え上がることはないが、つねに変わらず信心を続けるというのである。

創価学会では、水の信心を重んじ、火の信心を警戒する。それは、一時は強い信仰を持ち、折伏などに邁進《まいしん》していた会員が、何かのきっかけで挫折したり、信仰に不信感を抱くようになると、途端に活動から遠ざかったりするようになるからである。

火の信心を持つのは、男性の会員であることが多い。女性の会員の場合には、むしろ水の信心で、変わらず信仰や活動を続けることが多い。

男性だと、信仰を仕事の成功に結びつけようとして熱心になるが、効果が見られなくなると、急に熱心ではなくなるのだ。

「親が創価学会」という場合には、一時父親の方が熱心で、それに影響されて、家族全体が学会活動に邁進していたのが、父親が醒《さ》めてしまうと、今度は、全体に学会活動に熱心ではなくなる。それでも母親は、学会活動を続けるなかで、人間関係のネットワークができているので、夫が熱意を失っても、活動を続けるケースが多い。

基本的に、親が信仰を捨ててしまうことを、子どもの側が期待することはできないが、かえって親が熱心だと、信仰に対する取り組み方が急に変わり、場合によっては退会してしまうようなこともないとは言えない。

創価学会員が「自信満々」である理由

ここまで述べてきたことからも予想されるように、「親が創価学会」の異性と付き合い、結婚するということは、「親が創価学会」ではない人間にとって、厄介な事態を生むことになりやすい。実際、そうしたケースに直面し、どうしたらいいものかと悩みを抱えている人たちはかなりの数にのぼる。

それは、創価学会以外の新宗教に入信している家に生まれた異性と付き合い、結婚するときにも生まれる問題である。だが、創価学会のケースでは、とくに問題が難しくなりやすい。

そこには、創価学会の会員のパーソナリティーが深く関係している。創価学会の会員には、ほかの新宗教の会員には見られない独特なパーソナリティー、人間性があるのだ。そのことは、これまでほとんど認識されてこなかった。

その点についてては、創価学会の最大のライバルとなった立正佼成会の会員と比較してみるといいだろう。

創価学会と立正佼成会は、どちらも日蓮系、あるいは法華系の新宗教に分類される。新宗教のなかには、神道系もあれば仏教系もあるし、キリスト教系もある。そうしたもののなかには分離されない「諸教」というカテゴリーに分類されるところもある。

仏教系の場合、新宗教として多いのは日蓮系である。ほかに、山伏・修験道系の教団がある。真如苑、阿含宗《あごんしゅう》、解脱会《げだつかい》などである。

日蓮系の新宗教は、霊友会のように、戦前から勢力を拡大したところもある。霊友会は、そこから分かれた分派が多いことでも知られる。

立正佼成会は、霊友会の分派というわけではないが、創立者になった庭野日敬《にわのにっきょう》と長沼《ながぬま》妙佼《みょうこう》は霊友会の会員だった。そのため、「法座」を重視し、「総戒名」と呼ばれる夫婦両家の祖先を祀る祖先祭祀について、立正佼成会は霊友会のやり方を受け継いでいる。

創価学会と立正佼成会がどう違うのかは、座談会と法座の違いから考えることができる。まず両者は、集まった人たちの座り方が異なる。座談会では、みんなの前に発言する人間が座り、残りの人間はそれと向かい合う形になる。学校の教室をぎゅっと詰めたような形である。

これに対して法座は車座である。そのなかには、支部長など役職者も含まれるが、その人間が中心というわけではない。

座談会の参加者がおこなうこととしてもっとも重要なのは、「体験発表」である。信仰を得たことでどういった功徳《くどく》があったのか、あるいは、どれだけ折伏をしたのか、どれだけ『聖教新聞』を拡大したのかが体験発表で語られる中身である。

これに対して、法座では、参加者は自分が抱えた悩みを打ち明ける。体験発表では、ほかの人間たちは、その内容を聞き、終われば拍手をする。法座では、支部長など、会員になってからの期間が長い会員が、出された悩みに対して、さまざまな角度からアドバイスをおこなう。もちろん、立正佼成会の教えにもとづいてである。

座談会は発表者が一方的に発言することになり、それについて話し合うことにはならない。そこが法座とは異なる。法座は話し合いの場である。

そのため、座談会で発言した創価学会の会員は、ほかの会員から自分とは異なる考え方を教えられることはない。発言し、それに対して拍手をもらうことで自信は得られるが、自分が変わることはない。

立正佼成会の法座では、悩みを抱えている会員に対して、先輩の会員は、相手を変えようとするのではなく、まず自分が変わるようにとアドバイスをする。たとえば、夫が暴力を振るうというときには、まず妻の側が夫に対する自分の姿勢を変えるよう諭される。そうすれば、夫も暴力に頼る自分の過ちを悟り、やがては暴力を振るわなくなるというのである。

創価学会では、決してそうしたやり方をしない。自分の姿勢を変えるのではなく、折伏をして相手を変えるようにと説く。あるいは、勤行をやり続けることを勧める。題目をくり返し唱えることが問題の解決に一番役立つというわけである。

両者の決定的な違いは、問題が起こった原因を、相手の側に求めるか、それとも自分の側に求めるかである。立正佼成会では、本当の原因は自分にあるとし、自分を変えなければば、問題は解決しないと説く。

創価学会でも、自分が置かれた状況を変える「宿命転換」を果たすには、勤行や唱題をくり返し、それによって自己を変えていかなければ相手も変わらないと説かれる。だが、その際に立正佼成会とは違い、下手《したて》に出るということはしない。自分が強い信仰を持ちさえすれば、相手との関係も自ずと変わるとし、もっぱら強い信仰を持つことをめざすのだ。

おそらく、立正佼成会や創価学会に入っていない一般の人たちは、立正佼成会のやり方についてはある程度共感できても、創価学会の方には共感できないのではないだろうか。

そんな強引なやり方はとれない。自分ばかりが正しいとは思えない。そう感じる人が少なくないはずだ。

自分は間違っていないとし、絶対の自信で迫ってくる。多くの人たちが、創価学会の会員に対して抵抗を感じる原因がここにある。

実は「世界標準」である「察しない」創価学会員の文化

日本では、「察する」文化が確立されている。一時盛んに言われた「忖度《そんたく》」もそうだが、相手の気持ちを察して行動することが必要であり、それこそが大人の態度だ。多くの日本人はそのように考える。

それは、自分が嫌がっていることについては、相手が察してくれて、それ以上は迫ってこないはずだという考え方に行き着く。

ところが、創価学会の会員は、察して行動してはくれないのだ。背景に信仰があるだけに、その態度は、相手からすれば相当に頑なものに映る。

世界全体について考えてみるならば、創価学会の会員の方が一般的で、察する文化はむしろ特殊である。

察する文化は、日本に伝統的な村社会から生まれた。村社会では、同じ村に住む人たちは緊密に結びつき、その関係は深い。そうである以上、お互いが自己を主張して、相手のことを考えなければ、対立は尾を引き、村はまとまらない。そうならないために、察することが重視されてきたのである。

相手からはっきりと言われたのならともかく、言われないうちに相手の気持ちを察して行動し、自分の欲求を抑えることなど考えられない。世界の多くの人たちは、そう考える。その点では、創価学会の会員の考え方の方が「世界標準」なのだ。創価学会が海外において、日系人ではない人間にまで広がりを見せているのも、この点が関係しているはずだ。

ほかの日本の新宗教も海外進出を果たしているが、多くは日系の移民の間にだけ広がっている。

察してくれるよう求めたとしても、それに従ってはくれない。創価学会の会員ではない人間は、まずその点を覚悟しなければならない。「察してくれるだろう」、「察してくれるに違いない」という思いが満たされることはない、ということを前提にしなければならないのである。

「カミングアウト」の難しさ

付き合っている異性から、実は自分は創価学会の会員だと告げられることがある。

そのとき、会員だと告白する人間は、現在ではほとんどが「親が創価学会」というケースである。自分から自発的に入会したという人間は、相当に少ないはずだ。

告白されたとき、それをどう受け取るかは、人によってかなり違う。ショックを受ける人もいるだろう。逆に、あまり気にならないという人もいる。

昔なら、会員であると告白した相手は、そこから折伏をはじめたに違いない。二人で同じ信仰を持つなら、きっと幸福になれると迫ってくるのである。だが、こうしたケースは今は少ない。

告白する側にも迷いがある。相手が創価学会についてどのように考えているかがわからず、告白したときの反応がどうなるのか、予想がつかないからだ。

世間の創価学会についての見方はさまざまである。

創価学会は危険で厄介な宗教だから、絶対に近づいてはならないと考えている人もいる。

そうしたマイナスのイメージは持っていないが、組織の実態を知らないので、困惑するような人もいる。

創価学会のことをよく知っていて、その上で好意的なイメージを持っているという人は、かなり限られる。

創価学会に対して悪いイメージを抱く人がいるのは、さまざまな理由による。

そもそも宗教全般、とくに新宗教について否定的に考えている人たちは少なくない。新宗教はお金儲けのためにある組織で、それとかかわれば、多額のお金を奪われる結果になる。具体的な実例を知らないまま、そんな感覚を持っている人もいる。

創価学会にマイナスイメージを持つ理由

新宗教についての見方は真っ向から対立したものになりやすい。

信者は、自分が信じている宗教を絶対のものと考え、そのあり方に疑問を感じることはない。疑問を感じたとしても、外から批判を受ければ、教団を徹底して擁護する側に回る。

逆に、それぞれの新宗教を徹底的に批判する人たちもいる。それは、一度新宗教の信者になっていた「元信者」に多い。いったんはその宗教を信じて入信したものの、途中で疑問を感じ、脱会してきた人間たちだ。

そのなかでも、信者であった時代には熱心だったという人間ほど、厳しい批判者になりやすい。

新宗教は、そこに入ったからといって、信者にお金が入ってくるわけではない。教団の職員以外にはお金は出ない。むしろ信者の側は、教団を支え、その活動を活発なものにするために献金をおこなう。

熱心な信者ほど、多額の献金をおこなう。創価学会の場合だと、これまで述べてきたように、入会金や会費はないものの、『聖教新聞』の購読料などを払い、供養や財務の際には、教団に寄付をおこなう。

創価学会が伸び続けていた時代、あるいはバブルの時代には、多額の供養や財務をする会員が少なくなかった。そうでなくても、『聖教新聞』を何部も購読すれば、それだけでかなりの費用がかかる。

信仰を持っているときには、多額のお金を出すことは、本人にとって喜びであり、誇りである。信仰を得た後に経済的に恵まれるようになれば、それこそが信仰のおかげだと、積極的にお金を出す。私の知り合いには、一家で数千万円を創価学会に出したという人間がいる。

信仰に熱心であればあるほど、多額の献金をする。そこに幸福を感じる人たちが少なくないのだ。

ところが、そうした熱心な会員が、ひとたび信仰について、あるいは組織について疑問を感じるようになると、事態は一変する。

信仰を失い、脱会したとしても、出したお金は戻ってこない。譲渡してしまったのであり、教団に貸したわけではないからだ。

なかには、返金を求めて裁判を起こす元信者もいる。教団の側に法律に違反するような行為があれば、訴えた側が勝訴し、返金されることはある。だが、教団の側に落ち度がなければ、訴えは却下され、お金は戻ってこない。

多額のお金を出したにもかかわらず、信仰を失った人間は、創価学会に対して強い不満を抱き、徹底的な批判をおこなう。そうした人たちの書いたものや発言は、創価学会を悪の教団と決めつけ、その罪を暴こうとするものになる。

とくに創価学会批判が高まったのが、第一章でふれた言論出版妨害事件を起こした後、一九七〇年代になってからである。創価学会を凶悪な宗教団体として糾弾し、そのトップに君臨する池田氏を悪の権化として批判するような本がいくつも出版され、週刊誌の記事にもなった。

そうしたものを読めば、創価学会は問題のある教団だと考えるようになる。

そこには、創価学会が作った公明党が政界に進出したことも大きく影響していた。選挙の際に、公明党のライバルとなる政党やその支持者は、公明党の選挙活動を担う創価学会を強く批判してきた。とくに日本共産党にその傾向が強い。日本共産党は共産主義のイデオロギーを信奉しているため、無神論者の立場をとり、宗教を否定する。しかも、日本共産党は選挙の際に、創価学会・公明党と同じく、都市の下層階級に進出しようとしたので、お互いにぶつかることが多く、創価学会には批判的なのだ。

現在では、創価学会を批判する本が出版される機会は相当に減っている。むしろ、外部の人間が創価学会を高く評価するような本の方が増えている。週刊誌が創価学会批判の記事を掲載することもほとんどなくなってきた。

したがって、一般の人々が創価学会を批判する声に接することはあまりない。だが、昔作られたイメージはそう簡単には消えていかない。

結婚は一筋縄ではいかない

創価学会に対して必ずしもいいイメージを持っていない人でも、付き合っている相手が人間的にすばらしいと感じられれば、会員だと告白されても、交際にはさほど影響はないかもしれない。

問題は、その交際が結婚ということに発展していったときである。

結婚については、日本国憲法では「両性の合意のみに基づいて成立」（第二十四条）するとされている。

憲法にわざわざこうしたことが記されているのは、戦前においては、二人が合意しても、それだけでは結婚できなかったからである。

戦前は民法において「戸主《こしゅ》」というものが定められていて、その家を統率した。戸主の多くはその家の父親である。戸主には、家族を養う義務があったが、結婚する場合には、戸主の同意を必要とした。日本国憲法の結婚についての条文は、こうした家のあり方を封建的であるとし、個人の権利を尊重する立場から生み出されたものである。

日本国憲法が制定されて以降は、民法も改正され、戸主は存在しなくなり、男女が合意すれば結婚できるようになった。

けれども、実際の場合で見てみると、結婚すると、あるいは結婚しようとすると、二人の属している家がそこに深くかかわってくる。家の存在、家族の存在を無視することは相当に難しい。

したがって、創価学会の会員ではない人間が、会員と結婚しようとすると、会員ではない人間の親などが反対することもある。なかには、子どもを創価学会の会員がいる家とは絶対に結婚させないと言い出すような親もいる。

これは、会員ではない本人にとっても、会員である相手にとっても困った事態である。

問題が起きるのは信仰熱心でないケース

会員の側にしても、創価学会とのかかわりは人によって大きく異なる。熱心に活動しているという場合もあるかもしれないが、熱心な会員であればあるほど会員でない相手と結婚するケースは少ない。熱心な会員なら、相手を会員のなかから選ぶことが多いからだ。

創価学会の会員同士が結婚相手を見つけるためのパーティーが開かれていたり、結婚相談の機会があったりもする。会員はそうした機会を利用するし、近所の会員から相手を紹介されることもある。見合いのケースは一般には少なくなっているが、創価学会の会員の社会ではいまでもそういう風習が生きている。

むしろ、「親が創価学会」だが、自分には強い信仰はない、あるいは、一応会員にはなっているが、学会活動はほとんどしていない。そうしたケースの方が会員でない相手と付き合うことが多いのだ。結婚に反対する親はそのことを考える必要がある。

それでも結婚に反対するのは、いろいろなケースが頭に浮かぶからである。

自分の子どもが、相手の親に折伏されて創価学会に入会してしまうかもしれない。生まれた孫が巻き込まれてしまうかもしれない。

選挙のときになれば、自分たちさえも投票を依頼されるかもしれない。

逆に、創価学会の会員になっている親の方は、まったく反対の心配をする。

子どもが結婚を機に、創価学会を脱会してしまうのではないか。

仏壇を置くのを許さず、本尊を祀ってくれないのではないか。

孫を創価学会の会館に連れていくのを邪魔されるのではないか。

お互いに不安を感じるわけである。

そこで、両方の親から注文がつくことになる。

会員でない相手の親からは、結婚するなら脱会してほしいと言われる。

反対に、会員である相手の親からは、結婚するなら創価学会に入会してほしいと言われる。

法律的に考えれば、どちらの親も間違っている。憲法が保障する信教の自由に反するからだ。

しかし、どちらの親もなかなか引き下がらない。そうなると、事態はかなり面倒なことになる。

元会員の親はかえって批判的になりやすい

信仰の問題がかかわらなくても、親は子どもの結婚に対して理想を抱いている。その理想にかなった結婚なら賛成するが、少しでも問題があれば、それに反対しようとする。宗教はその格好の口実になるのだ。

創価学会に批判的な思いを抱いている人間のなかには、たとえば、祖父母が会員になっていて、それで子どもの頃、勤行を強制され、それで創価学会が嫌になったというケースがある。

第一章でもふれたように、創価学会が高度経済成長の時代に勢力を拡大していったとき、入会したのは主に地方から都市に出てきたばかりの学歴の低い人たちだった。なかには大学を出ているインテリ階層もいたが、それはごく少数だった。

現在では、会員の学歴も上がり、豊かな家庭も増えている。だが、創価学会の幹部があるとき、「信仰を続けても貧しいままの会員が少なくない」とふともらしたことがあった。創価学会は庶民の組織であり、決して社会の上層階級や高学歴の人間のための組織ではない。そもそも、豊かな人々は忙しくて勤行や学会活動に時間を割くことが難しい場合が多い。

その点では、創価学会は、今でも都市を中心とした中下層の宗教教団である。

したがって、家族や親戚がかつて創価学会に入会していたという人間は、創価学会の会員と出会いやすい。そのために、先に述べたようなケースも生まれやすいのである。

「親が創価学会」であるとき、一番問題になるのは、結婚に際してである。次の章では、このことをもう少し掘り下げて考えてみたい。

第四章

二世の結婚問題

「親が創価学会」と「親が顕正会」のカップル

「親が創価学会」ということで、私が知っている事例のなかに次のようなものがある。かなりの騒動である。

「親が創価学会」だというのは、三〇代後半の男性である。一度結婚しているが、子どもはいない。離婚した後、出会い系サイトを通して、ある女性と知り合い、交際するようになった。

女性の方も、結婚した経験があり、こちらには子どもがいた。二人の交際は順調に進み、同棲《どうせい》するまでになる。女性の連れ子は男の子だったが、男性にもかなりなついていた。

そんなある日、事件が起こる。

起こったのは、男性の母親の家においてである。母親が創価学会の会員だった。こちらも離婚して、団地で学会活動をしながら独り暮らしをしていた。

その家に、突然、女性の方の母親が訪ねてきた。

実は、女性の母親は、第三章でふれた顕正会の会員だった。女性も親の信仰を受け継ぎ、会員になっていた。

そのことを男性は知らなかった。そのため、男性の母親も聞いていなかった。おそらく、女性の方が、男性と生活するなかで、男性の母親が創価学会の会員だということを知ったのだろう。

男性の方も、会員にはなっていたが、学会活動はほとんどしていなかった。それでも、つとめていた会社には、先輩に創価学会の会員がいて、その先輩に何かと面倒を見てもらっていた。

訪ねてきた女性の母親は、男性の母親に対して、自分が顕正会の会員であることを告げ、その上で、創価学会に対する激しい批判を展開した。顕正会が創価学会を強く批判していることは、やはり第三章でふれた。

男性の母親も、批判されるのを黙って聞いていたわけではなく、反論を展開した。だが、顕正会の会員は日頃、創価学会批判をくり返しているのに比較して、創価学会の会員は、顕正会のことはあまり知らない。そのため、うまく反論を展開できなかったようだ。

この出来事が起こったことで、男性と女性が実は犬猿の仲にある教団に属していることが明らかになった。男性は母親から、一緒に住んでいる女性が顕正会の会員であることをはじめて聞いた。

男性の方は、創価学会の会員とは言っても、すでにふれたように、活動熱心な方ではない。

ところが、女性の方は、その母親ほどではないにしても、かなり活動的な会員だった。

顕正会は、現在では二〇〇万人の信者を抱えているとしている。実際の信者数はわからない。創価学会とは違い、広がった地域は限られている。本部が埼玉県の大宮《おおみや》にあるのだが、顕正会の会員が多いのは、そこから北の地域、北関東や新潟などである。

顕正会は時々、社会的な問題を引き起こす。それも、かつては創価学会の代名詞だった折伏を今でも熱心にやっていて、会員の積極的な拡大を続けているからである。

とくに、高校生など若い世代が折伏の対象になってきた。折伏のやり方が強引なため、会員が逮捕されることもある。起訴されることはないが、釈放された会員は、組織のなかで、逮捕されたことが評価される。逮捕されるまで折伏をおこなったことが勲章と見なされるのだ。

ただ、顕正会の中心で活動している若い会員は、「親が顕正会」というケースが多い。

一度、横浜で開かれた顕正会の高校生大会のビデオを見たことがあるが、挨拶に立ったのは、ほとんどが「親が顕正会」の会員だった。しかも、折伏の話をするのではなく、自分の病気が信仰によって治ったなどといった話をしていた。その点では、一般的な顕正会のイメージと違っていた。

家庭内宗教戦争の勃発

女性は、母親とともに大宮の本部に通っていた。母親の方は、本部に通いやすいように、大宮の近くに住んでいた。

そこから、二人の交際には、信仰する教団の違いが影を落とすようになった。そこには、お互いの母親もからんでいて、事態はかなり複雑だった。

男性の方が創価学会の熱心な会員であれば、あるいは簡単に決着がついたかもしれない。もちろん、別れることによってである。

ところが、男性が信仰についてさほど熱心でないために、かえって時間を要した。女性の側も、子どもがなついていたのだから、別れたくはない。そうした思いがあり、家庭では信仰のことは表に出さないようにするなどと提案してきた。

しかし、創価学会と顕正会の会員同士が折り合いをつけることは相当に困難である。不可能だと言ってもいい。結婚すれば、どうしてもお互いの信仰、さらには家族の信仰がかかわってくる。結局、二人は別れることになった。

このケースでは、家庭のなかで宗教戦争のミニ版が勃発したようなものである。

ここまでのケースは、それほど多くはないだろう。だが、「親が創価学会」の人間が、ほかの新宗教に入信している相手と付き合うようになり、交際の過程で、信仰の違いが問題になることは珍しいことではない。

一世と二世以降の決定的な違い

信仰のことがひとたび問題になると、そこから結婚に進むのはかなり難しい。無理に結婚しても、うまくはいかない。

「親が創価学会」で、自分も創価学会の会員としての自覚があり、学会活動もしているというのであれば、相手は同じような立場の人間を選んだ方が何かと都合がいい。その方がトラブルも起きず、結婚生活に信仰が影を落とすことはない。実際、熱心な会員であれば、相手も会員から選んでいる。

それが、「親が創価学会」で、自分も一応会員にはなっているというケースでは、その人間が、信仰ということをどのように考えているかはそれぞれである。

創価学会は絶対だと考える人もいるが、皆が皆、そうとは限らない。なかには、信仰について迷いを持っている人たちもいる。案外、そういう人間たちは少なくない。

創価学会は、これまで述べてきたように、高度経済成長の時代に急速に拡大した。それは、ほかの新宗教でも同じである。

その時代、創価学会に入会した人間たちは、入会するまでは無宗教だった者が多かった。彼らは地方から都市に出てきたばかりで、地方にいたあいだは、地元の信仰生活に馴染んでいても、都市に出てきた時点で、それとは切り離されていた。しかも、若い時期に都市に出てきてしまったので、地元で深く宗教とかかわる経験を持っていなかったのが普通だ。

創価学会の信仰において、本尊が重要な役割を果たすわけだが、新たに入会した人間の家のほとんどは単身世帯か、夫婦二人だけの世帯で、その家で亡くなった人間がいないために、本尊を祀るための仏壇などなかった。

これは、日蓮系の新宗教に共通して言えることでもあるが、信者に本尊や位牌を祀るための仏壇を購入することを奨励した。立正佼成会だったら、夫婦それぞれの家の故人の戒名を集めた「総戒名」を祀るために仏壇を購入した。

創価学会の会員は、会員になることではじめて、自分が特定の信仰を持っていることを自覚した。

しかも、当時は、盛んに折伏がおこなわれており、会員たちは折伏によって新しい仲間を獲得する活動に邁進した。

折伏した人間と、折伏された人間とのあいだには密接な関係が生まれる。それが核になり、折伏を重ねることでネットワークが広がっていった。

創価学会に入るまでは、都市に出てきたばかりで、緊密な人間関係を持たなかった人間も、これによって環境が変化していく。折伏した側とされた側は同じ地域の組織に属し、座談会に出席したり、一緒に折伏に出かけたりした。

仲間ができたということだけでも、それは本人にとって好ましい出来事で、それは創価学会の組織のなかで「功徳」としてとらえられた。功徳を得れば、折伏により熱心になっていく。それによって、信仰にまつわる活動は、本人にとって生活の中心になり、生きがいにもなっていった。

自分で信仰を獲得したという人間は、それによって救われたと考えているわけで、それが会員として活動する原動力になっていった。

こうした形で自ら信仰を獲得した人間については、「信仰一世」、あるいは創価学会に特定して「学会一世」と呼ぶことができる。一方、親から信仰を受け継いだ人間は、「信仰二世」、あるいは「学会二世」ということになる。さらにその子どもなら、「信仰（学会）三世」である。おそらく現在では、四世や五世、ひょっとすると六世も生まれていることだろう。

学会二世は、子どものときから創価学会の信仰に馴染んでいるわけだが、信仰を得ることによって救われたという体験をしていないことがほとんどである。

もちろん、重い病気にかかったり、苦難に直面したりして、それを乗り越えたとしたら、そのことを宿命転換ととらえるようになり、信仰についても一世と同様に熱心になるかもしれない。

だが、たいがいの場合、二世は一世とは信仰とのかかわり方は決定的に違う。しかも、一世がはじめて創価学会の信仰を得た時代と現在とでは、学会のあり方自体が違う。昔は、組織全体が相当な熱気に包まれていたが、現在では、かつての熱気は薄れてしまっている。

薄れる池田大作氏への思い

創価学会の中心にある池田氏に対する思いも相当に違う。

一世のうち、一九五〇年代に入会している会員なら、一九六〇年に池田氏が三二歳で第三代の会長に就任したときの颯爽《さっそう》とした姿を記憶しているだろう。

その池田氏のもと、創価学会は一九七〇年代のはじめまで相当な勢いで伸びていった。七二年に大石寺に正本堂が完成したとき、会員は熱狂し、いっせいに大石寺に登山した。

その年には衆議院議員選挙があった。創価学会の支持する公明党は、議席を減らした。そこには、言論出版妨害事件の影響もあったが、正本堂のことがあって、選挙どころではなかったとも言われている。

二世でも、第二章でふれた世界平和文化祭に参加した会員なら、厳しい練習に青春をかけたという思いがあり、それが信仰の強さに結びついていたりする。

あるいは、池田氏に直接会って、励まされたという会員は二世にもいる。そうした経験をしていれば、二世でも「池田先生」を絶対の存在と考え、強い尊敬の念を抱くだろう。

けれども、現在の創価学会には、かつての熱狂はない。池田氏にしても、会員の前に現れなくなって一〇年が経った。『聖教新聞』には毎日、池田氏の写真が掲載されるが、それは過去のものである。

近影も一年に数回掲載されるが、座っているものが多い。香峯子《かねこ》夫人が一緒に写っていることはあるが、ほかに人の姿はない。池田氏も、笑顔など浮かべてはいない。親から池田先生の偉大さをくり返し聞かされていても、二世にとって池田氏は遠い存在である。ただ、創価学会では組織をあげて池田氏の功績を賛《たた》えてきたのでその影響は二世にも及んでいる。

二世がなかなか脱会できないのはなぜか

信仰は継承されたとしても、時間が経つにつれて、強さや激しさは失われていく。二世以降の会員にとって、信仰は空気のようなものかもしれない。だが、そうなってしまうと、是非とも信仰を守り続けていこうとする意欲は乏しくなる。

二世以降の会員だと、自分が信仰によって救われたという経験を持たないことが多く、成長するにつれて、信仰に対して疑問を感じたり、学会活動に力を入れなくなったりする。子どものあいだは、親に言われるから活動する。だが、自意識が芽生えてくると、それをうっとうしく感じるようになる。なかには、脱会したい、そう考えるような人間も出てくる。
創価学会の会員であることが嫌になったのなら、脱会届を出して、脱会すればいい。そうした手続きをとって、縁を切ることはできるはずだ。

けれども、同居している家族が皆会員で、さらには近隣にも多くの会員が住んでいるという状況にあったとしたら、いくら本人が脱会の意思を明確に示したとしても、簡単には組織を抜けられない。家族や近隣の会員は、脱会しないようくり返し説得してくるはずだ。たとえ脱会しても、会員との付き合いは続く。

創価学会の会員の総数は、「はじめに」で述べたように、私の推測では二八〇万人程度である。人口の二・二％にあたる。

その程度では、周囲全体が創価学会の会員ということにはならないはずだが、二・二％はあくまで平均の数字である。

創価学会の会員が多いのは都市部であり、そのなかでもとくに下町と言われる地域に多い。下町とは庶民が住んでいる町のことである。地域によっては、近隣住民のなかに創価学会の会員がかなり多くいるところがある。

会員の家であるかどうかは、一つには公明党のポスターがはってあるかどうかで判明する。そうした家が多い地域には、創価学会のコミュニティーが形成されている。

近年の創価学会が布教活動として力を入れてきたのが団地と離島である。創価学会の組織のなかには、第二章でふれたように、団地部と勝利島部（旧離島部）がある。

団地が広まったのは、高度経済成長がはじまった時期である。経済の驚異的な発展が続くなかで、多くの団地が建設された。当時、団地に住むようになったのは、地方から都市に出てきた、主に結婚したばかりの世帯である。六〇年代には、団地は近代的な住宅として憧れの的だった。

しかし、それから時間が経過し、時代も変化することで、団地は、家賃の安さから、低所得者の住む集合住宅になってきた。

政治学者の原武史《はらたけし》氏の著作『団地の空間政治学』（ＮＨＫブックス）では、初期の団地では日本共産党の支持者が多かったのが、しだいに公明党の支持者、つまりは創価学会の会員が増えてきたことが指摘されている。

こうしたことを踏まえて、創価学会のなかに団地部という組織が生まれたのだ。『聖教新聞』でも、創価学会の会員が多く住み、活発な学会活動を展開している団地が紹介されることがある。

離島もまた、創価学会が会員を増やすために力を入れている地域である。実際、沖縄県の離島では、創価学会の会員が最近でも伸び続けている。沖縄の離島の一つ、南大東島《みなみだいとうじま》では、選挙の投票総数の過半数を公明党が占めている。

このように、地域によって会員の数に偏りがあるわけだが、会員の数が多ければ多いほど、創価学会のネットワークはより強力なものになる。そうした地域に住んでいれば、日常生活で顔を合わせるのは、同じ創価学会の会員ばかりという状況も生まれる。そうした住宅や地域に住んでいれば、簡単には脱会などできない。

創価学会に限らず、一度新宗教に入ってしまうと、抜けるのが難しいと言われる。ほかの信者から脅されたりすることもあるとされる。それによってなかなか脱会ができない。だからこそ、新宗教に入信するのはリスクが伴うというわけである。

たしかに、新宗教の場合、信者がやめようとしていると、ほかの信者は、その事態を放置するのではなく、なんとか脱会を引き留めようとする。ときには、かなり強引な手段を使い、延々と説得にかかるようなこともある。それは、脱会しようとする信者が根負けするまで続くのだ。

脱会を思いとどまるよう説得する側にも、そうせざるを得ない理由がある。

一つは、誰かが信仰に疑問を感じて、教団を抜けてしまうことは、その信仰が疑われ、信じることの価値が下がると考えられるからだ。簡単に言えば、信仰にケチがついた。そのように考えるからこそ、仲間を抜けさせないようにするわけである。

さらにもう一つ、説得する側が、教団を抜ければ必ずや不幸になると信じているということも理由としてあげられる。

創価学会には、「退転」ということばがよく使われる。創価学会を脱会することをさす。退転した人間は不幸に見舞われる。そう信じている会員も少なくない。

それは、信仰を得ることで絶大な功徳があるという考え方と裏腹の関係にある。入会すれば功徳があり、退転すれば、逆に不幸に見舞われる。そう信じているからこそ、仲間を退転させてはならないと、熱心に説得にあたる。これは、親切心にもとづく行為だとも言える。だが、抜けようとする側には迷惑な行為である。

こうした状況を踏まえて考えるならば、脱会は簡単ではないと覚悟しなければならない。

脱会チャンスとしての結婚

そのとき、結婚ということが脱会のチャンスとして浮上する。

結婚すれば、まず創価学会の家庭から離れられる。一家で創価学会の信仰を持っているということであれば、その家庭を離れることで、環境は大きく変わる。

結婚を契機に、住む地域を変えれば、もっと状況は変わる。それは、創価学会の会員ではない人間と結婚した場合である。そうした人間と、今まで住んでいた地域とは別のところに引っ越し、新しい家庭を営む。それは、創価学会との関係を断ち切ることに結びつく。

そうしたことを望む「親が創価学会」の人間はかなりいる。親と同居しているあいだは、しかたなく学会活動もしているが、できればそれをやめたい。そう考え、結婚を機に、それを実行に移す人たちも少なくないのだ。

そういう人間は、二世には多い。さらには三世、四世となれば、もっと多くなる。

もちろん、たとえ結婚して、それまでと違う地域に住むようになっても、創価学会との関係を切りたくないと考える「親が創価学会」の人間もいる。

誰でも、新しく家庭を営むようになり、それが自分がそれまで住んでいた地域とかなり離れていれば、不安を感じる。周囲に知り合いがいないからだ。

そのとき、引っ越した地域にある創価学会のネットワークとかかわることができるようになれば、不安もかなり解消される。地域に知り合いがいないという事態は避けられる。

引っ越した先の会員たちは、親切に対応してくれるはずだ。

どちらの道を選ぶかは、人それぞれである。

ただ、結婚後にどちらを選択するかで、その後のことはかなり違ってくる。創価学会をやめたいと考える人間にとっては、結婚以上に絶好のチャンスはない。

創価学会の会員との結婚を考える会員以外の人間は、相手が結婚を機にどちらの道に行こうとしているのかを確かめる必要がある。

相手が、創価学会の会員であったかどうかよりも、結婚後にどうしようとしているかが重要である。

結婚後も、創価学会との関係を絶たないつもりであれば、会員であり続けるものと考え、それを覚悟しなければならない。

逆に、相手が結婚を機に脱会を考えているのなら、そのことを踏まえ、相手に協力すれば、家庭のなかに信仰が持ち込まれる事態を避けられる可能性が高くなる。もっとも、相手の親は変わらず、信仰を続けるのだが。

「統監カード」への記入をどうするのか

その際に重要になってくるのが、第二章でふれた統監カードである。

統監カードには、その人間の住所を記入する箇所がある。結婚してからの引っ越し先をそこに記入すれば、そのカードは、引っ越し先の地域の会員の手に渡り、会員がすぐに引っ越し先に訪問してくる。

「こんにちは！　こちらの地区で女子部の部長をしてます○○です」といった具合にである。

会員であり続けようとしているのであれば、この訪問は大いに歓迎される。ところが、創価学会を抜けたいと考えていれば、この訪問はひどくうっとうしい。訪問してくるのは、引っ越してきた人間が自分で連絡をとったからではない。その人間の統監カードが、その地域に回ったからである。

したがって、統監カードに新しい住所を記入するかどうかということが、大きな問題になってくる。

「親が創価学会」であれば、親に対して、自分の統監カードに引っ越し先を記入しないよう頼むしかない。

親の方は、それを受け入れないこともある。そちらの方が多いだろう。

そこで引き下がってしまえば、統監カードが引っ越し先に回り、「親が創価学会」であることがその地域の会員たちに知られることになる。

それが嫌なら、そこで強く主張しなければならない。なんとしても親を説得する必要がある。たとえ親が納得しなくても、相当強引に統監カードへの記入を拒まなければ、カードは回されてしまう。

こうしたことがこじれると、家族の関係にも影響する。

親の側は、子どもがそうした行為に出るとは予期していなかったかもしれない。その分、衝撃は大きく、事態に戸惑う。

子どもの方は、そう簡単にはことが運ばないだろうと予期していて、周到な準備の上で臨んでいるかもしれない。

たとえ、統監カードに新しい住所が記入され、そこに地域の会員がやってきたとしても、長年住んできたところとは事情はかなり違う。

親はいないし、付き合いの深い会員も周囲にはいない。となれば、会員として活動するつもりはないと強く主張すれば、新しい地域の会員も、無理には活動に参加させることもできないだろう。

「宗教教育」の影響は簡単には消えない

創価学会が急速に拡大していた時代なら、誘いにきた会員も熱心で、説得する相手の家に上がり込み、活動するという答えを引き出すまで居座ることもあった。今では、そうしたこともかなり少なくなっている。脱会にかんしても、現在ではそれを認める方向に変化しているとも聞く。

学会活動をしない会員は、「未活（非活）」とされる。未活は脱会者ではない。脱会はしていないものの、学会活動をしていない人間のことである。

いったん未活になってしまった人間が、その先どうなるか。これも、いろいろなケースがあり得る。

そのまま創価学会とは一生かかわらなくなる人間もいるが、反対に、何かのきっかけでまた元の状態に戻り、学会活動をするようになる人間もいる。その中間の状態にあり続けるような人間だっている。

「親が創価学会」であれば、子どもの頃から、未来部の一員として活動し、勤行や唱題などもおこなってきたはずだ。

となると、その人間の深い部分に信仰が根を下ろしてしまっているということがあり得る。自分はもう創価学会はやめたと考えていても、受けた影響は簡単に消滅してしまうわけではない。

そこが信仰の難しいところでもある。

「三つ子の魂百まで」ということわざもあるように、子どもの頃に影響を受けたことが生涯消えないということは十分にあり得るのだ。

第三章でもふれたが、子どもが重大な病気にかかるといったことがあると、こころが揺れ、何かにすがりたくなる。そのとき、かつてのことが甦《よみがえ》り、勤行をしたいという思いが湧き上がってくるかもしれない。思わず、「南無妙法蓮華経」と唱題をしているかもしれない。

創価学会に限らず、宗教に入信するというときには、なんらかの儀礼を経ることが一般的である。キリスト教の洗礼などがその代表にある。

けれども、洗礼は、それが幼児の段階で施されたものであれば、あくまで一つの形であり、それによって洗礼を施された人間のなかに、強い信仰が自動的に生み出されるわけではない。

子どもの頃から教会に通い続け、さらには、ミッション・スクールに進学して、長い期間にわたって宗教教育を受けなければ、信仰はその人間のものにはなっていかない。

逆に、「親がカトリック」ではない人間でも、ミッション・スクールで学び、宗教教育を受け続ければ、その内面は、それを受けなかった場合とはかなり異なってくる。たとえ、信者にならなくても、キリスト教をモデルに宗教を考えるようになっていく。なかには、私の知り合いにもいるが、ミッション・スクールを卒業した後、かなり時間が経ってから洗礼を受けるような人間もいる。

創価学会が、未来部という組織を作り、そこに力を注いできたのも、こうしたことを踏まえてのことである。未来部には、それを担当する大人の会員による教育部という組織もある。未来部の会員となった子どもたちをいかに育てていくのか。そこに創価学会の将来がかかっていると判断されたことで、創価学会は未来部に力を入れてきたのである。

子どもの信仰をめぐる夫婦の対立

「親が創価学会」の人間が結婚した後にも、いろいろな問題が起こってくる。

夫婦が両方とも「親が創価学会」であり、自分たちも結婚後に学会活動を続けているなら、大した問題は起こらない。

しかし、同じ創価学会の家であっても、家庭によって信仰のあり方は異なっている。そこには熱意の上で温度差があり得る。

熱心な家庭で育った人間は、学会活動をすべてに優先する。だが、さほど熱心には活動してこなかった家庭で育てば、仕事その他を学会活動よりも優先するだろう。

そうなると、そこに対立が生まれることもある。

あるいは、熱心な家に育った者同士が結婚し、さらに学会活動に拍車がかかったとき、二人のあいだに生まれた子どもが、それに付いていけないということもあり得る。

そうなると、子どもの信仰をめぐって、夫婦のあいだで対立が起こる。両方とも、熱心な分、自分の信仰は正しく、子どもへの対処の仕方も間違っていないと思っている。そこで、原因を相手に求めてしまうのだ。

「親が創価学会」の人間は、同じ境遇にある相手と結婚した方が、そうでない相手を選ぶよりうまくいくことはたしかである。だからこそ、ある程度熱心な会員であれば、相手を会員のなかから選んでいる。

夫婦生活を送るなかで、やはり問題が生じるのは、会員と会員でない人間が結婚したときである。

とくに、子どもが生まれたときに、問題が起こりやすい。

日本の社会では、独身であるあいだは、宗教とかかわる機会は少ない。せいぜい、初詣で神社仏閣に出かけるくらいだ。

ところが、結婚し、子どもが生まれると事情は変わってくる。

まず、「初参り」ということがある。これは、赤ん坊が生まれてから、それほど時間が経っていない段階でおこなわれる。誕生を祝うための儀礼という性格があり、そこには、夫婦と赤ん坊だけではなく、赤ん坊の祖父母も加わる。

初参りの際に、多くの場合、神社へ出かけていく。もともと初参りには、地域の神である氏神に参拝することで、赤ん坊が氏子の一員になったことを確認する意味合いがあったからだ。

神社は神道の宗教施設である。だが、初参りをおこなう夫婦やその親族は、それを宗教的な行為、活動とは考えない。自分たちが、その神社の信者であるという自覚を持っていないからだ。そのため、初参りは、信仰にもとづくものではなく、ただの習慣、風習だと考えている。

ところが、創価学会の会員は、神社に行くことを好まない。それは、第二章でふれた修学旅行の際に鳥居をくぐらないということと共通する。

現在では、会員であっても、頑なに神社の鳥居をくぐることを拒む人間は減っている。実際、孫が生まれて、初参りに付き合ったという会員もいる。

けれども、昔の感覚が残っている会員だと、初参りに神社に行くことを拒んだり、好まなかったりする。それは、謗法にあたるという思いがあるからだ。それが染みついていて、神社に行くことに罪悪感を抱いたりする。

七五三の場合も同じだ。七五三のときにも、その年齢の子どもがいる親は、神社に参拝に訪れる。これも、創価学会の会員にとっては、異なる信仰を持つ人々のための宗教施設を訪れることを意味する。

法事ということもある。

現在の日本では、葬式の簡略化が進んでいるが、葬式は仏教式でという感覚は依然として強い。葬式には導師として、その家の宗派の僧侶を呼び、読経してもらう。これが一般化している。

それは、一周忌や三回忌といった「年忌法要」、「法事」の場合も同じだ。最近では、年忌法要を必ずしもおこなわないケースも増えていて、法事の機会は確実に減っている。だが、寺で法事をやったり、自宅に僧侶を呼んでそれをおこなったりする家も依然として存在する。

それも、創価学会の会員からすれば、宗教行為にほかならない。しかも、自分たちの信仰とは合わないため、ほかの宗派の葬式や法事に参列することを好まない。

一般の人間は、たとえ、僧侶を呼んだとしても、葬式や法事を宗教としては考えない。それも慣習であり、風習であると受け取っている。そこが、創価学会の会員とは考え方が違う。

「親が創価学会」である人間と、そうでない人間が結婚すると、冠婚葬祭をめぐってもめ事が起こりやすいのだ。

冠婚葬祭をどうするのか

こうした冠婚葬祭をめぐる争い事は、さまざまな人間がかかわってくるだけに、相当に面倒である。夫婦二人だけのあいだの違いなら、話し合いでなんとかなるかもしれない。だが、そこにお互いの両親、あるいは兄弟や親戚がかかわってくると、それぞれの人間の考え方の違いが表面化し、もめ事がひどく厄介なものになる。

創価学会にかんして、とくに問題になりやすいのが葬式である。というのも、創価学会は現在、「友人葬」と呼ばれる独自の方法でおこなうようになっているからだ。

一般の仏教式の葬儀では、その家の宗旨にそった僧侶を導師として呼び、読経してもらう。

これに対して、創価学会の友人葬では、僧侶は葬式には呼ばない。「儀典長」と呼ばれる会員が来て、会場に「南無妙法蓮華経」などと記された本尊を掲げ、その前で勤行をおこなう。参列者も、会員であれば、勤行に加わる。

こうした葬式に、会員以外の人間が参列すると、それまで知っているやり方とは違うので戸惑うこともある。

故人と関係が親しい、親戚や友人知人となると、なかには、違和感を持ち、「これでは故人は浮かばれない」と考えるような人間も出てくる。

これは、友人葬に限らず、一般的な葬式の場合にも起こり得ることである。一九八四年に公開された映画『お葬式』は、伊丹十三《いたみじゅうぞう》監督のデビュー作だが、そのなかで、故人の兄が葬式のやり方に文句をつける場面が出てくる。

創価学会が、友人葬という葬式の方法をとるようになったのは、一九九〇年代はじめに日蓮正宗と決別したからである。

それまで、創価学会の家庭で不幸があれば、日蓮正宗の僧侶が葬式の導師をつとめた。ところが、日蓮正宗と決別することによって、僧侶を呼べない事態が生まれた。それで葬式をどうするのか、戒名はどうするのかといったことが問題になった。

その際に、創価学会の会員が毎日、勤行をおこなっていたことが決め手になった。勤行には、唱題だけではなく、『法華経』の「方便品」と「如来寿量品」の自我掲を唱える部分が含まれ、それは、僧侶による読経に匹敵する。

そこで、会員たちが集まって勤行をおこなう葬式のやり方が採用されるようになった。初期には、そうしたやり方は「同志葬」と呼ばれた。

実は、戒名については、私の著作が影響を与えた部分があった。

私は、一九九一年七月に『戒名　なぜ死後に名前を変えるのか』（法藏館、現在は『なぜ日本人は戒名をつけるのか』ちくま文庫）という本を出版した。これは、当時、戒名料の高騰が問題になっているなかで、なぜ戒名という日本に特有な制度が生まれたのかを論じたものである。

創価学会は、私の本のなかでの議論をもとに、仏典に根拠を持たない戒名は不要であるという考えを導き出したらしい。池田氏が私の本を高く評価しているという記事が夕刊紙に掲載されたこともあるし、創価学会系の映像会社からインタビューの依頼を受けたこともある。

これによって、創価学会は、僧侶を呼ばず、戒名を授からない形の新しい葬式のやり方を編み出し、やがてそれは友人葬と呼ばれるようになった。

もし友人葬が生まれなかったとしたら、創価学会の会員は、葬式をおこなう際に、日蓮正宗の僧侶を呼ばなければならなくなったかもしれない。そうなると、日蓮正宗からの離脱もうまくいかなかった可能性がある。

その点で、友人葬の導入は、創価学会にとって極めて重要な意味を持った。

友人葬は一九九〇年代に定着していく。友人葬なら、僧侶に布施をしたり、戒名料を払ったりする必要はない。原則として香典も不要とされている。

一般の社会においても、バブルがはじけてから、葬式の簡略化という動きが起こり、現在では、身内だけの「家族葬」や、すぐに火葬する「直葬」が定着した。その点では、友人葬も葬式の簡略化の一環だったことになる。

現在では、友人葬を扱う一般の葬儀社も増えている。なかには、主に経済的な理由から、近隣の創価学会の会員に友人葬で葬ってもらうことを依頼する一般の人間もいる。

友人葬が同志葬としてはじまった時代には、一般の参列者に違和感を持たれることが多かったが、今ではそれも薄れている。そもそも、最近では、葬式は身内だけで済ませるというケースが急増しているので、葬式のことでトラブルが生まれることは少なくなっている。

墓守りの意識が薄い

さらに葬式の先には、墓の問題がある。

創価学会の会員が墓を設けるという場合、三つのケースが考えられる。

一つは、創価学会が経営する墓園に墓を設けるという場合である。

もう一つは、日蓮正宗の寺院が管理している墓園に墓を設けてあるという場合である。

さらに、一般の民間霊園に墓を設けるという場合である。

最初のケースだと、一家全員が会員だというときには問題は起こらない。ただ、家族の全員が会員というわけではないというときには、問題が起こる可能性がある。

二番目は、創価学会がまだ日蓮正宗と密接な関係があった時代に墓を設けたケースである。これは、かなり微妙な問題をはらんでいるが、墓参りは続けているというケースが多いのではないか。

最後のケースでは、さほど問題は起こらないはずだ。

一般の場合にも、現在では、墓石を建てるようなことが少なくなり、新たに墓が必要になったときには、ロッカー形式の納骨堂を選択することが増えている。

創価学会の会員でも、これから、新たに墓が必要というときには、納骨堂を選択するようになるかもしれない。創価学会が経営する墓園には空きがないことも、そこに影響している。

ただ、創価学会の場合、もともと先祖を供養することには関心が薄い。そこには、高度経済成長の時代に会員になった人間が、地方出身者で、都市の家には先祖にあたる存在がいなかったことが決定的に影響している。

しかも、同じ日蓮系の新宗教、霊友会や立正佼成会では、むしろ先祖供養の重要性を強調していたので、それに必要性を感じる人間は、創価学会ではなく、そうした教団を選んだということも関係している。

その点では、創価学会の会員のなかに、墓を守り続けていかなければならないという意識はあまり強くない。「親が創価学会」の人間は全般に、葬式や墓については、一般の人間以上に関心は薄いと言えるのではないだろうか。

第五章　選挙という宗教活動

創価学会は「政治団体」なのか

「親が創価学会」のなかには、選挙がおこなわれるたびに憂鬱になるという人もいる。親が熱心な会員だと、子どもの同級生の親にまで公明党の候補者に投票してくれるよう依頼に出向くからだ。

そうなると、自分が、あるいは自分の家が創価学会だということがわかってしまう。親の方は、創価学会に誇りを持っていて、そんなことは気にしない。だが、子どもの方は、できればそれは隠しておきたいと思っているかもしれない。親の考えと、子どもの思いとのあいだには相当のギャップがある。

したがって、子どもの方は、成長して会員として活動するようになっても、選挙活動だけは嫌だと思うこともある。公明党への投票依頼に出向くことは、自分が創価学会の会員だと言って歩くようなものである。

しかも、投票依頼した相手が政治に関心を持っていれば、公明党の姿勢や政策に対して疑問を投げかけられたり、批判を受けたりすることもある。それにしっかり答えるには、公明党の現状についてしっかり学んでいなければならない。うまく答えられないと恥をかき、かえって公明党のイメージを悪化させることにもなってしまう。

現在、創価学会のことが社会的な話題になるのも、主に選挙のときである。創価学会の会員は、一致団結して公明党の候補者を応援する。少なくとも、そのイメージが社会に広がっている。

最近の国政選挙においては、池上彰《いけがみあきら》氏が司会をつとめるテレビ東京の選挙速報が注目を集めてきた。池上氏が、ほかの局では見られない鋭いつっこみをするからだ。

その真骨頂が、公明党と創価学会の関係について迫る場面である。池上氏は、公明党の代表や候補者に、創価学会との関係がどうなっているのかについて迫っていく。

そもそも、池上氏のつっこみがなかったとしても、当選した公明党の候補者や代表は、選挙の感想を聞かれたとき、まず創価学会の会員に対して必ず礼を言うことからはじめる。それは、ほかの政党の当選者にはないことである。

こうした場面に接すると、創価学会は宗教団体ではなく、政治団体なのではないかという印象を受ける。会員たちは宗教活動ではなく、ひたすら政治活動をしている。そんな印象を与えるのだ。

創価学会の会員は、公明党の候補者が立った選挙であれば、その候補者を熱心に応援する。しかし、選挙の際の目標は、多くの候補者を当選させるということではない。すべての候補者を当選させる「完勝」をめざしている。選挙の前後、『聖教新聞』の社会面では、完勝の文字が躍っている。実際に完勝が果たされると、そのことは大きく報道される。

ではなぜ、創価学会の会員は選挙にこれほど熱心なのだろうか。やはり彼らは、信仰よりも政治に関心があるのだろうか。

その点を考えるには、まず、創価学会と公明党の関係について知らなければならない。一般の人たちは、これだけ創価学会の会員が公明党を応援しているのだから、両者は一体だと考えているかもしれない。

だが、両者の関係はなかなか複雑である。

創価学会が、創価教育学会として生まれたのは戦前のことで、現在ではその創立は一九三〇年のこととされる。

創価教育学会は、第一章でもふれたように、最初は教育者の団体としての性格が強く、しだいに宗教的な性格を持っていった。ただし、政界に進出するなどという試みはまったくおこなっていなかった。

政界に進出するのは戦後のことで、創価学会がはじめて選挙に候補者を立てたのは一九五五年のことだった。

第一章でもふれたが、最初は地方議会に進出し、翌年には参議院選挙にも候補者を立て、当選者も出した。そのため、世間を驚かせた。それだけ、この時代の創価学会は、一般の人々が気づかないあいだに急激に会員を増やしていたのである。

この時代の特徴は、候補者になったのが創価学会の幹部たちだったことである。このやり方はしばらく続く。そう言うと、そんなことははじめて聞いたと驚く人がいるかもしれない。今は創価学会幹部は立候補しないからだ。

ただ、この時代には、衆議院には進出しないということが方針として定められていた。二代会長の戸田城聖は、そのように明言していた。政権をとるとか、政権争いに加わるつもりはないとしていたのである。

「組織拡大」のための選挙活動

ではなぜ、創価学会は政界に進出したのだろうか。

第一章でも述べたように、戸田は、参議院に進出したのは国立戒壇を建立するためだったと公言していた。国立戒壇がどういったものなのか、必ずしもそれが明確になっていたわけではない。

これも第一章で述べたが、国立戒壇が何であるかが曖昧だったのは、実際には戸田が、政界に進出する目的を組織の引き締めというところに置いていたからだ。戸田は、選挙になると、会員たちの目の色が変わってくるので、信心を強化するのに役立つと述べていた。現在、会員ではないが公明党の候補者に投票してくれる人間は、組織のなかで「F票」と呼ばれる。

ほかにも、選挙の際には、創価学会の組織のなかで、各種のアルファベットが飛び交う。Kは活動家を意味するが、投票を確約してくれた人間を意味することもある。それが、マルKになると、F票もとってくる活動家ということになる。

Fのなかでも、さらに自分の友人知人に投票依頼をしてくれる人間はマルFと呼ばれる。重要な存在がZで、Fのうち期日前投票に行ってくれる人のことをさす。投票を約束してくれても、当日投票所に行かないかもしれない。ところが、Zなら確実に票として計算できるのである。

これだけでも、創価学会がかなり戦略的に選挙活動を実践していることがわかる。それが、はじめて政界に進出した頃は、選挙活動は折伏をおこなうということを意味していた。折伏して会員を増やすことで、投票する人間の数も増やしていった。

逆に言えば、会員に折伏をおこなわせることで、組織の拡大をはかったとも考えられる。戸田は実業家であり、組織を拡大していく才能に恵まれていた。その才能が政界への進出を通して大いに生かされた。今は投票依頼と折伏とは直接には結びついていない。

公職選挙法違反に問われた「大阪事件」

ただ、政界進出初期の創価学会の会員たちは、はじめて選挙活動に従事し、それを折伏と重ね合わせたため、公職選挙法に違反するようなことまでおこなってしまった。

一九五七年四月の参議院大阪地方区の補欠選挙は、定員が一名であったため、創価学会が候補者を立てても、当選の見込みはなかった。

それでも、組織の引き締めのために候補者を立て、相当に激烈な選挙活動を展開した。その結果、四五名の会員が買収で、三名が戸別訪問の疑いで逮捕、起訴された。それは当時創価学会の参謀室長をつとめていて、大阪に乗り込んで選挙活動を指揮した池田氏にまで及んだ。

池田氏は、最終的に裁判で無罪となる。そのため、創価学会では、これを冤罪《えんざい》としてとらえ、「大阪事件」と呼んでいる。池田氏も、初代会長の牧口常三郎や戸田城聖と同様に、無実の罪で囚《とら》われの身になったというのだ。

ただ、起訴された四八名のうち、二〇名に罰金刑が下され、そのうち一〇名は公民権停止三年、七名が同二年だった。創価学会の会員たちが選挙違反を犯したことは事実で、彼らは創価学会から除名されている。大阪事件が池田氏にとって冤罪であることは毎年聖教新聞で伝えられてはいるが、選挙違反があった事実は伝えられない。したがって、創価学会の会員でも大阪事件が何だったのか、その事実をはっきりと認識している人間はほとんどいない。

池田大作会長就任で議席が増大

その後、戸田が亡くなり、一九六〇年には池田氏が会長に就任した。すると、六一年には公明政治連盟が結成され、六四年には公明党が結党された。生前の戸田は、政党を組織するつもりはないと言っていた。

公明党が結党される際に、その綱領が発表されたが、その筆頭には「王仏冥合《おうぶつみょうごう》と地球民族主義にのっとった恒久平和の礎の構築」ということが掲げられていた。

王仏冥合というのは、王法としての政治と仏法とが自ずと一つに溶け合うことを意味している。これを最初に掲げたところに、公明党が宗教政党としての性格を持っていたことが示されていた。

ただ、それ以上に注目されるのが、二として掲げられた「人間性社会主義にもとづく個人の幸福と社会の繁栄の一致する大衆福祉の実現」という項目である。

大衆福祉の実現は、それ以降も公明党のスローガンとして用いられ、現在でもそれは変わっていない。

公明党が結党された当時、創価学会は破竹の勢いで会員を増やしていたが、会員となったのは、主に都市の中下層階級であった。学歴も高く、一流企業につとめているような人間は、会員のなかにほとんどいなかった。皆、都市に出てきたばかりで、苦労しながらかろうじて生活を成り立たせている庶民ばかりだった。

そうした会員にとって、福祉の恩恵に与かることができるということは大きな支えになった。会員が公明党を支持するのも、公明党が大衆福祉の実現、その拡充に邁進してくれたからである。こうした点で実際的な利益が得られなければ、会員たちも公明党を熱烈には応援してこなかったであろう。

会長の座が戸田から池田氏にバトンタッチされて、大きく変わったのは、公明党が衆議院選挙にも候補者を立てたことである。

結党してすぐには選挙の機会は訪れなかったが、三年後の一九六七年一月に第三一回衆議院議員選挙がおこなわれ、公明党は二五議席を獲得した。次の六九年一二月の第三二回選挙では、それを四七議席にまで増やしている。

戸田は、衆議院には進出しないと明言していた。池田氏がそれを翻したのは、創価学会の会員が伸び続け、衆議院に進出すればかなりの議席を獲得することができると考えたからであろう。

結党以来公明党の書記長と委員長を長くつとめた矢野絢也《やのじゅんや》氏は、私との対談の際に、池田氏から、「公明党で単独過半数が取れる。お前ら頑張れ」と激励されたと述べていた(『創価学会　もうひとつのニッポン』、講談社)。

これを反映し、当時の竹入義勝《たけいりよしかつ》委員長は、一九六七年七月の臨時党大会で、これからの一〇年間に四回の総選挙があると仮定して、公明党で一四〇議席を占め、日本社会党に代わって第二党に躍進することを目標として掲げた。

当時の創価学会は、池田会長以下、誰もが将来において政権を奪取できると夢見ていた。この時期、池田氏は世間から公明党の「事実上の党首」と見なされており、公明党が政権の座につくということは、池田氏が首相になることを意味した。「池田先生のために選挙活動で頑張る」。そうした意識が会員のあいだに生まれたのも、こうしたことが関係していた。

こうしたことを、「親が創価学会」の人間は知らない。そこに選挙に対する熱意の差が生まれる一因がある。

消えた「池田大作首相」の夢

この夢は、一九六九年の言論出版妨害事件によって創価学会と公明党が世間から厳しい批判を受けたことで、ついえてしまう。

両者は政教一致だという批判を浴びたため、創価学会と公明党は政教分離していることを明確にしなければならなくなった。具体的には、公明党の議員は、創価学会の幹部の職を退いたのだ。池田氏も自身が政界に出ないことを約束した。公明党も、綱領から信仰にかかわるような文言を削除した。

これによって、創価学会の政界進出は大きな転換点を迎えた。

公明党が第一党となって単独で政権を担う。その際に池田氏が首相になる。そうした夢を、これ以降は抱けなくなった。

　それは、創価学会・公明党にとって、さらには池田氏個人にとっても大きな痛手となった。しかも、一九七〇年代に入って、高度経済成長が曲がり角に差しかかったことで、創価学会の会員の伸びも六〇年代のような勢いを失った。逆に言えば、急激な拡大にブレーキがかかったことで、組織は守りに入り、それで言論出版妨害事件を起こしたとも考えられる。

　この結果、公明党は、創価学会の会員だけを支持者とするのではなく、国民政党に脱皮していくことを迫られた。

　当初、公明党は、創価学会以外の支持者を求める方向で模索をおこなった。しかし、それはうまくいかなかった。そのため、選挙については創価学会の会員に頼るという方向に逆戻りしてしまった。

公明党議員と創価学会員の特殊な関係

　公明党の議員は、ほかの政党の議員とは異なる特徴を持っている。

　一般の議員は、後援会を作り、支持者を増やしていく。支持者が増えなくては、当選はおぼつかない。後は、必ずしもあてにならない浮動票に期待するしかない。

ところが、公明党の議員には、個別の後援会は必要ではない。選挙活動はすべて創価学会の会員が担ってくれるからである。

したがって、議員が高齢化したり、政党の定めた定年を超えたりしたとき、新しい候補者が立っても、前の議員と変わらない票を稼ぎ出し、当選することができる。同じ選挙区に複数の候補者が立っているというときには、創価学会の側が票割りをしてくれる。

その点では、選挙区にある創価学会の組織がそのまま公明党の議員の後援会になっているとも言える。

ただ、当選した公明党の議員が横柄な態度をとり、創価学会の会員に対して感謝の念を失ったりすれば、たちまち、会員たちから激しい批判を浴びることになる。

不祥事を起こした公明党の議員が即座に辞職するのも、こうした関係が背後にあるからだ。創価学会の会員は、公明党の議員がどのような活動をするのかを見守り、監視している。戸田は、「青年は心して政治を監視せよ」ということばを残している。

また、公明党の議員は、とくに地方議会の議員の場合には、「住民相談」を熱心におこなっている。これは、ほかの政党には見られないことである。公明党の議員は、住民からの苦情や悩みを受け付け、それを解決するよう奮闘努力する。依頼者は、必ずしも創価学会の会員である必要はないが、会員からの依頼だと、議員はよりいっそう熱心に努力するという（そうした点について詳しくは拙著『公明党vs.創価学会』朝日新書を参照）。

創価学会の会員は、これまでくり返し述べてきたように、庶民であり、個人として社会的な影響力を持っている人間は少ない。

そうした庶民にとって、公明党の議員の存在は大きい。政府や行政に訴えなければ解決が難しい問題も、公明党の議員が仲介者になって解決のために努力してくれるからである。

創価学会の会員は、そうした実利が得られるからこそ、公明党の候補者の応援にあたるわけである。こうしたことは、とくに結婚する前の若い世代の会員には実感を持てないことだろう。政治家に頼る必要が出てくるのは、結婚して家庭を設け、子どもを育てるようになってからである。あるいは働き盛りになり、親の介護の問題に直面してからである。「親が創価学会」の人間が政治の力に関心を持つまでには時間がかかる。選挙活動に熱心になれないのもそれが関係している。

創価学会の思惑通りに動かなくなった公明党

言論出版妨害事件が起こるまで、すでにそうした関係が、公明党の議員と創価学会の会員とのあいだに成立していた。そうである以上、どちらにとっても、その関係を続けることが必要不可欠になる。公明党が本格的な国民政党への脱皮ができず、選挙を創価学会に依存してしまったのも、そのことが関係している。

ただ、言論出版妨害事件を起こしたことを反省し、公明党の議員が創価学会の幹部の座を退いたことは、二つの組織の距離を広げることになった。二つの組織のあいだでは、定期的に会合を開いて話し合いをおこなっているものの、創価学会の意向に従って公明党が動くという状況ではなくなった。

それは、政教分離以降の公明党が、その方向性をめぐって激しく揺れ動いたところに示されている。

たとえば、一九七三年九月の第一一回党大会では、日米安全保障条約の即時破棄を党の方針として掲げた。しかも、「中道革新連合構想」を打ち出し、そのなかには、「反自民、反大資本」という項目も含まれていた。

現在の公明党が自民党と連立を組んでいることを考えると、あり得ない主張である。それはまるで、当時の社会党や、創価学会にとっては最大のライバルでもあった共産党のような政策である。

この時期、創価学会がそうした主張を展開していたわけではない。

一九六〇年には、安保条約に反対する運動が盛り上がりを見せた。そのときには、すでに池田氏が第三代の会長に就任していた。創価学会は中立の姿勢をとり、安保条約に対して反対運動を展開することもなかったし、反対に条約に支持を表明したりもしなかった。

これは、自民党などの保守勢力には都合のいいことだった。創価学会が安保条約に反対の姿勢を示し、運動にも積極的にかかわっていたら、その影響は少なくなかったであろう。

当時の公明党が「左傾化」したのは、政権の座に近づくためには、そうした方針を掲げた方が好ましいと判断したからである。その後も、公明党の方針は揺れ続けていく。したがって、左傾化も、はっきりとした理念にもとづくものではなく、政権の座につくことをめざしての模索、あるいは揺れとして考えるべきだろう。

実は政治に興味がない創価学会員

政教分離が創価学会に影響を与えたもっとも重要な事柄は、議員と幹部が分離されたことである。

幹部が議員に立候補したというのであれば、どうしても議員と一般の会員とのあいだに上下関係が生まれる。議員は会員からエリートとして扱われ、そのエリートのために一般の会員が選挙活動を展開するという形になってしまう。

これは、庶民である会員のあり方を高く評価する創価学会にとっては、問題となる。平等主義が崩れるからである。

それが、幹部と議員が分離されることで、創価学会の組織全体で議員の選挙活動を応援するという形に変化した。そうなると、議員が上で、会員が下という関係にはならない。

むしろ、議員の側は、選挙において創価学会に全面的に依存しているわけだから、強い感謝の気持ちを持たざるを得ない。自分の方が偉いと思うことはできないのだ。議員個人よりも、創価学会の組織の方が力としては上だからである。その点では、言論出版妨害事件による政教分離は、創価学会の組織に好ましい影響を与えたと言える。

しかし、一方では、創価学会の会員の関心が、選挙には向いても、政治には向かないという事態が生まれた。

会員は選挙のときにしか公明党の政策に関心を持たないし、政治のあり方にも注目しない。選挙が終われば、通常の学会活動の方が重視される。

選挙には関心があるが、政治にはさほど関心がない。それが、創価学会の会員の一般的な姿である。

この点は、世間において誤解されている。世間的には、創価学会は公明党と一体で、政治団体としての性格を強く持っていると考えられている。

創価学会の会員は、選挙の際に、自分たちの地域に割り当てられた公明党の議員に投票するだけで、その議員がどういった主張を展開しているかにはさほど関心を向けない。

公明党についても、立派な政党であり、代表も立派な人物であるということが前提になっていて、公明党の政策を吟味して、それで選挙活動をおこなうわけではない。

選挙の前には、学会本部と公明党の代表が協議をおこない、創価学会の側は、公明党の政策がすばらしいから支持すると表明するものの、それは形だけのことで、支援するのは最初から決まっている。

創価学会の会員にとって重要なことは、選挙で勝つか負けるかである。

戸田は、「勝負でいこう」とか、「仏法は勝負だ」ということばをくり返していた。当時の会員たちも、同じことばを口にした。

しかも、戸田の時代の創価学会は軍隊組織を真似《まね》ていて、富士山麓で出陣式をおこなったりした。学会歌も、軍歌を借用したものが多かった。

選挙ほど勝ち負けがはっきりつくものはない。

戸田が選挙に力を入れたのも、候補者を数多く当選させることで、創価学会が勝利したことをはっきりと打ち出せるからである。

この考え方は現在にも受け継がれている。だからこそ、選挙のたびに「完勝」ということが目標に掲げられるのだ。

ただ、現在では、どの選挙においても公明党の候補者の数はかなり絞られており、当選が確実な人間しか選挙に出馬しないようになってきた。

つまり、完勝が最初から約束されているわけである。それでも、国政選挙になると、選挙のたびに浮動票が動き、必ずしも思惑通りに完勝とはいかなくなっている。

完勝したからといって、実際的な利益があるわけではない。当選が確実な人間が実際に当選したというだけだからである。

完勝はノルマのようなものであり、現在の公明党は、より多くの候補者を当選させるという方向では動いていない。

その点では、選挙は一種の「儀礼」になっている。儀礼を通して、自分たちが正しい行動をとっていることを確認するのだ。

儀礼は必ずやり遂げなければならないもので、それに参加した人間には達成感を与える。けれどもそれは、公明党の党勢の拡大には結びつかない。これは、かなり奇妙な構造である。

自民党との連立で複雑化

一九九九年に公明党が自由民主党との連立に踏み切ったことで、事態はさらに複雑なものになってきた。

一九九三年六月、国会において自民党の宮沢喜一《みやざわきいち》内閣に対する不信任案が提出された。通常なら、それは可決されないはずである。自民党が多数派を占めていたからである。

ところが、小沢一郎《おざわいちろう》氏などの造反者が出たことで、不信任案は可決され、宮沢首相は衆議院を解散した。その結果、野党が与党の議席を上回り、「非自民非共産」の細川護熙《ほそかわもりひろ》内閣が誕生した。公明党も、この内閣に加わっている。

ただし、創価学会の場合、会員の政治姿勢は本来保守的で、むしろ自民党の支持者に近い。

そこには、創価学会の会員の出自が影響していた。高度経済成長の時代に創価学会の会員となった人間たちは、ほとんどが地方出身で、都市に出てくる前は、「村社会」で生活していた。村社会の多くは、自民党の強固な地盤である。

言論出版妨害事件を起こしたとき、創価学会・公明党が頼りにしたのが、当時自民党の幹事長だった田中角栄《たなかかくえい》である。田中は、自民党内に田中派という派閥を作り上げ、それを基盤に強い政治力を発揮した。ひいては首相の座につくことになる。

田中は、地元への利益誘導ということにもっとも力を注いだ政治家である。戦後、経済が成長していくなかで、地方の農村部は、都市部と比較して生活条件に恵まれなかった。そこに政治の力を働かせることで、農村部でも経済発展の恩恵に与れるようにしたのである。

田中自身は新潟が選挙区で、新潟への利益誘導に力を入れた。田中派に属した自民党の議員は田中を真似、またその力に頼り、それぞれの地元に恩恵があるように活動した。

創価学会の会員は、もともとは農村部の出身である。会員のなかには、農家の次男以下が多く含まれていた。彼らは、地方にとどまっても、田畑を相続することができず、都市に仕事を求めたのだった。

つまり、農村部にとどまった人間たちが田中派の支持者となり、都市に出ていった人間たちが創価学会の会員になったわけである。背景を同じくしている以上、政治に対するとらえ方は共通していた。

公明党は、一時左傾化したものの、それは、創価学会の会員が望む方向ではなかった。非自民非共産の政権も同じで、創価学会の会員が望むものでは必ずしもなかった。革新勢力がそこに含まれたからである。

非自民非共産の政権は、公明党が離脱することで崩壊する。それも、創価学会の会員の属性を考えれば、必然的なことであった。

それに比べれば、自民党との連立は、創価学会の会員にとって好ましいあり方である。いろいろと問題を生みつつも、この関係が二〇年近く続いてきたのも、自民党と公明党は相性がいいからである。

ただ、公明党が自民党との連立を組んだことで、選挙活動は複雑なものになった。自民党との選挙協力という新たな課題が生まれたからである。

自民党が公明党と連立を組んだのは、単独で政権を維持することが難しくなったからである。そのため、連立を組んだ当初の段階では、自民党の候補者のなかには、公明党・創価学会の支援を受けなければ当選できない者が少なくないということが指摘された。

その分、自民党の側も選挙協力に熱心で、自民党が候補者を立てず、公明党が候補者を立てた選挙区では、公明党の候補者を支援した。逆に、自民党が候補者を立て、公明党が立てなかった選挙区では、「比例は公明に」と支持者に訴えた。

公明党の側は、自民党以上に協力的で、出口調査などの結果からしても、公明党の支持者、つまりは創価学会の会員が、忠実に自民党に協力していることが明らかになった。

減少する得票数

第二次安倍晋三《あべしんぞう》内閣以降になると、政権運営に失敗して野党に転落した民主党をはじめとする政党が弱体化したこともあり、自民党が圧勝するようになり、自民党の支持者の側は、それほど公明党に対する選挙協力には熱意を見せなくなる。

それでも、創価学会の会員は、忠実に協力をし続けている。そこに、自民党の支持者との性格の違いが示されている。創価学会の会員は、組織の決定をそのまま実行するのである。

しかし、公明党の候補者だけを支援するのと、選挙協力で自民党の候補者も支援するというのとでは、選挙に対する熱の入れ方が自ずと違ってくる。地方選挙では選挙協力はおこなわれていないので、会員は国政選挙よりも熱心に公明党を応援する傾向が見られる。

その結果、国政選挙で公明党が獲得する票数はしだいに減少傾向にある。

二〇〇五年の衆議院選挙では八九九万票と、九〇〇万票に迫った。これは、それまでで最高の得票数である。

ところが、二〇一七年の選挙になると六九八万票と、七〇〇万票を割り込んだ。自民党との連立が続き、内閣には公明党の議員が必ず一人含まれていたにもかかわらずである。

二世には「重荷」になる選挙活動

これまで見てきたように、創価学会の会員の数は二八〇万人程度と考えられる。それに比べて、公明党が獲得する票数ははるかに多い。創価学会の会員がすべて公明党に投票するわけではないが、仮に、二八〇万人で七〇〇万票を獲得したというのであれば、会員一人あたり二・五票ということになる。そのなかには自分の票も含まれるので、会員は、それぞれが一・五票を獲得していることになる。

それも会員の熱心な選挙活動の賜物《たまもの》である。しかし、会員以外の人間に、公明党の候補者への投票を依頼としても、そう簡単に投票してくれるわけではない。依頼して、投票するという返事をもらったとしても、本当に投票してくれるかどうかはわからない。

それでも投票を依頼するために、何人かの人間のもとを訪れなければならない。それは、二つの面で負担になる。

一つは、費用と労力の面である。選挙の応援をしたからといって、創価学会の組織からそのための資金が提供されるわけではない。

たとえば、創価学会は、さまざまな選挙のなかで、東京都議会の選挙をもっとも重視してきた。都議会が政界進出の原点だからである。

したがって、東京都議会選挙がおこなわれるときには、東京以外の地域に住んでいる会員も応援の活動をする。具体的には、都内にいる知り合いのもとを訪れ、公明党の候補者への投票を依頼するのだ。

そのとき、たとえ新幹線を使って上京しても、費用は自分でまかなわなければならない。すべて持ち出しである。それでも、そのためだけに上京する熱心な会員はいる。

だが、費用や労力以上に重荷になるのは、この章の最初に述べたように、公明党の候補者への投票を依頼することによって、自分が創価学会の会員であることを明かさなければならないということである。

それに、知り合いに頼むといっても、知り合いを探すこと自体が難しかったりする。創価学会は、地域に根差しており、日頃の付き合いが会員ばかりという人間も少なくない。会員に投票依頼をするわけにはいかない。

となると、日頃人間関係がない知り合いに依頼するということになる。その際に、依頼する相手として浮上するのが、学校の同級生である。その同級生と在学中もその後も、さほど密な関係がなかったとしても、相手が自分のことを覚えてくれている可能性は高い。まったく知らない相手ではないので、縁の薄い同級生が選ばれることになる。

もちろん、訪問を受けた同級生の側は、それで簡単に投票の依頼に応じてくれるわけではない。その可能性はむしろ低い。

ただ、訪れる会員の側には、選挙活動をおこなったという実績が残る。それがあれば、座談会で体験発表もできる。何より一応やるべきことをやったと本人が考えることはできる。そのために、選挙の際の「同級生訪問」がくり返されてきたのだ。

「結婚相手の親」からの投票依頼

もう一つ、投票の依頼先として浮上するのが、会員になっていない夫または妻の実家である。

「親が創価学会」の人間と、そうではない人間が結婚したとする。妻が「親が創価学会」で、夫は違うとする。

妻の方は、幼い頃には親に言われて学会活動をしていたが、成長してからはあまり熱心ではなくなった。結婚を機に、親元から離れ、脱会したわけではないものの、学会活動はほとんどやっていない。

したがって、その家庭では、信仰のことが問題になることはほとんどない。

ところが、妻の親が熱心な会員だと、娘の結婚相手の実家を訪れ、投票を依頼することがある。訪問を受けた親の方は、それに驚き、さらにはそれを迷惑に感じたりする。

そうなると、創価学会の会員ではない親は、嫁に対して文句をつけてくる。それで、夫婦のあいだでいさかいが起こったりする。夫の親は、嫁に対して、二度と勧誘には来てくれるなと親に釘《くぎ》を刺してくれと言い出す。

それで、会員の親が諦めることは少ない。創価学会の会員は、相手のことをおもんぱかって引くということはない。何かと口実を設けて、投票依頼をくり返すことの方が多いのだ。

選挙活動がかえって二世を創価学会から遠ざける

創価学会が急速に会員を増やしていた時代に、選挙は、いかに組織が拡大しているのかを教えてくれる絶好の機会だった。だからこそ、池田氏を中心とした組織の中枢部は、やがて公明党が政権をとると夢見ることができたのである。

しかし、現在のように、折伏がほとんど進まず、新入会員は赤ん坊ばかりという状況になると、事情は根本から変わってくる。選挙を通して組織が拡大しているのを実感することができなくなってきたからだ。

創価学会の会員数は現状維持が続いている。しかも、これまで述べてきた事情もあり、公明党の得票数は減少しつつある。

そうした状況のなかで、公明党は、当選者を増やしていくということを諦め、完勝をめざすという方向に転換した。

完勝になるように候補者を絞るわけだから、実際には公明党の党勢は退潮していることになる。

だが、完勝ということばが使われることで、その事実は隠蔽される。会員もそのことは認識しているだろうが、完勝をめざしているかぎり、現実をはっきりと認識する必要はない。

けれども、「親が創価学会」である二世以降の会員は、一世とは異なり、醒めた目で組織を見ている。そうなると、完勝を目標にするというからくりも、意味のないものに思えてくるはずである。あるいは、自民党との連立政権が続いたことで、公明党の政策に賛同できない部分が出てきているということもある。

「親が創価学会」の人間は、子どもの頃から、池田氏は平和主義者で非暴力を掲げ、戦争に反対してきたことを教え込まれている。二代会長の戸田城聖が核兵器を絶対悪として強く批判してきた、という話も何度も聞かされてきている。

ところが、現在の公明党は自民党との関係を重視し、安全保障の問題で必ずしも平和主義に沿っていない方向に向かっているように見える。その点を投票依頼に訪れたときに問われれば、公明党、さらには公明党を支援する創価学会に対する不信感が生まれる。今や選挙活動は学会活動への熱意をかえってそぐ危険性も秘めているのだ。

「現在の公明党は池田先生の考えに反している」、「そうした公明党を支持するよう要請する学会本部も、池田先生の思惑から逸脱している」——。これまで、池田氏を平和思想家、非暴力の実践者として宣伝し、持ち上げてきたことにより、今、創価学会の会員のなかには組織への不信感をもつ人々が現れ、彼らを学会活動から遠ざける事態が生まれているのである。

第六章 お金にまつわる問題

新宗教はお金儲けが目的か？

創価学会ももちろんそうだが、新宗教のことが問題になるとき、一つ大きなことは「お金」である。

新宗教はお金儲けのためにあると考えている人もいる。

あるいは、入信しているときに多額の献金をしたことを激しく後悔している元信者もいる。

新宗教とお金、このことがあるからこそ、新宗教のあり方が問われたり、問題視されたりしてきたのだ。

創価学会についても、これまでさまざまな形でお金の問題が取りざたされてきた。創価学会をめぐるスキャンダルの多くもお金がからんでいる。それが創価学会に対するマイナスイメージを作り上げることに結びついているので、正しく理解しておく必要がある。

なぜ創価学会とお金のことが問題になるのだろうか。

創価学会は宗教法人である。

宗教法人の場合、公益法人の一つとはされているものの、財政を公開する必要がない。

宗教法人にかんする法律が「宗教法人法」である。これは最初、一九五一年四月三日に公布された。ただ、オウム真理教《しんりきょう》の事件が起こったことで、宗教法人法のあり方が国会で議論になり、一九九六年九月に一部が改正された。

改正の主な点は、宗教法人の財政状況がわかるように財産目録の提出が求められるようになったことである。参考のために、それにかんする条文を引用しよう。

第二十五条（財産目録等の作成、備付け、閲覧及び提出）

宗教法人は、その設立（合併に因る設立を含む。）の時に財産目録を、毎会計年度終了後三月以内に財産目録及び収支計算書を作成しなければならない。

そして、この第二十五条の三では、次のように規定されている。

宗教法人は、信者その他の利害関係人であつて前項の規定により当該宗教法人の事務所に備えられた同項各号に掲げる書類又は帳簿を閲覧することについて正当な利益があり、かつ、その閲覧の請求が不当な目的によるものでないと認められる者から請求があつたときは、これを閲覧させなければならない。

事務所に備える書類のなかには、「財産目録及び収支計算書並びに貸借対照表を作成している場合には貸借対照表」が含まれている。

この法律の規定を読むと、信者なら誰でも自分が入っている教団の財政状況を知ることができるように思える。

ところが、こうした書類を扱う際には、「宗教法人の宗教上の特性及び慣習を尊重し、信教の自由を妨げることがないように特に留意しなければならない」とも規定されている。現実には、信者であっても特別な理由がないかぎり、そうした書類を閲覧することはできない。

したがって、新宗教を含めた宗教団体の財政は、団体の側が積極的に公開しようとしなければ、外部の人間にはまったくわからない。

年間所得は一八一億一五〇〇万円

宗教法人の場合、収入は二つの種類に分かれている。

一つは、宗教活動から上がる収入である。賽銭《さいせん》や布施、寄進などがこれにあたる。こうした収入については課税されない。

その一方で、宗教法人には、それぞれの団体を維持するために事業を営むことが認められている。これは、「収益事業」と呼ばれ、法人税が課される。税率は一般の法人税に比べて低く抑えられている。それは、収益事業からの収入は、その団体を維持するために使われることが前提になっているからである。

創価学会が宗教活動から得ている収入がどれだけになるのかについては、それを教えてくれる資料は、まとまった形では存在しない。

収益事業については、二〇〇三年に帝国データバンクが調べたものがある。それによると、創価学会の収益事業による申告所得、これが利益ということになるが、一八一億一五〇〇万円だった。

これは、主に『聖教新聞』の購読料である。『聖教新聞』を発行しているのは聖教新聞社である。ただ、聖教新聞社は株式会社ではなく、創価学会の出版部門として位置づけられている。

聖教新聞社では、『聖教新聞』以外にも『大白蓮華』といった月刊の機関誌や書籍を刊行している。ただ、『大白蓮華』は二〇五円（税込）とかなりの低価格である。収入の主なものは、月極一九三四円（税込）の『聖教新聞』である。発行部数は公称で五五〇万部とされる。

お金の面での創価学会の特徴は、すでに述べたように、入会金もなければ、月々の会費もないというところにある。

以前は日蓮正宗と密接な関係があったわけだが、二代会長の戸田城聖は、「我が宗は賽銭箱など置いていない」と自慢していた。本山である大石寺や日蓮正宗の寺院には、一般の神社仏閣ならある賽銭箱がないというのだ。

戦後、戸田が理事長となり会長となった時代の創価学会は、あまりお金のことを言わなかった。

しかし、組織が拡大していけば、それを維持するためにお金は必要になってくる。そこで、『聖教新聞』の購読料によって資金を確保するやり方が採用されることになった。『聖教新聞』の購読が月々の会費の代わりになったようなものである。

折伏して信者を増やすとともに、『聖教新聞』の読者を増やすことが布教活動の一環とされたため、会員のなかには、『聖教新聞』を何部も購読する人間が出てきた。

そうした会員は、周囲に『聖教新聞』を無料で配り、折伏のためにそれを活用しようとした。今でも、家の前にその日の『聖教新聞』を何部か置いていて、自由に持っていってくれと掲示しているような家も見かける。

『聖教新聞』の購読料は、時代とともに変化している。現在の購読料で考えれば、一軒で一〇部を購読すれば、それだけで月々二万円近くになる。その上、熱心な会員であれば、ほとんど無報酬でその配達もおこなう。それはかなりの負担である。

多額の寄付が「名誉」になる

戦後すぐの創価学会には、「財務部員制度」があった。この制度は一九五一年からはじまる。まだ戸田が理事長で、会長には就任していない時代である。

財務部員に任命された会員は、年に四〇〇〇円の寄付をした。現在では、年間四〇〇〇円という額はそれほど高いものではない。だが、当時の物価は今の一〇分の一程度だったと考えられるので、年間五万円程度を出すという感覚だろう。庶民にとってはかなりの額である。

したがって、財務部員は一種の名誉職と考えられていて、部員は金色に縁取りされたバッジをつけることを許された。財務部員になれるということは、信仰を持つことでお金が儲かった、病気が治ったなどの功徳を得たということであり、会員のなかでの成功者である。ほかの会員たちにとって、財務部員は羨望の的だった。

正本堂建設で三五五億円が集まる

それが変化するのが、一九六〇年代に入ってからのことである。大石寺に建物を寄進する資金を集めるために、「供養」と呼ばれる寄付金の募集がおこなわれるようになった。最初は、一九六三年に完成する大客殿のための供養だった。大客殿は鉄筋コンクリートの五階建てで、大きな屋根が特徴だった。供養は六一年におこなわれた。その際に一〇億円が目標額とされたものの、その三倍を超える三二億円が集まった。

さらに、正本堂建立のための寄付の募集は一九六五年一〇月に四日間にわたっておこなわれた。目標額は五〇億円だった。

ところが、急速に組織が拡大していた時代であったため、すでに述べたように、目標額をはるかに上回る三五五億円が集まった。今の貨幣価値で考えれば、一〇〇〇億円程度になるものと思われる。

ただし、この寄付に加わったのは創価学会の会員だけではない。大石寺の僧侶とその家族、それに大石寺の講である法華講の講員たちも寄付をおこなった。その内訳は、創価学会関係が三五〇億六四三〇万円、大石寺関係が一億五七八七万円、法華講関係が三億一三八二万円であった。大半は、創価学会の会員の寄付だった。

正本堂が完成するのは、寄付が集められた七年後の一九七二年である。それまで、寄付金は金融機関に預けられた。当時は、利息がかなり高かったので、それは一三二億四七六四万円にも達した。これを合わせると、正本堂建立のために四九〇億円近くが集まったことになる（こうした数字は、『聖教新聞』一九七二年一〇月一五日付に公表されている）。

創価学会は、この時期でも、飛躍的な発展を続けていた。一九七〇年六月の段階で、会員数が七五五万世帯に到達したと発表された。そして、正本堂建立のために供養した人数も、七七七万人に達したとされた。

果たして、本当に七七七万人もの会員が供養に参加したかどうかははっきりしないが、集まった三五〇億円を七七七万で割ると、一人あたり四五〇〇円という数字が出る（供養については、朝日新聞アエラ編集部『創価学会解剖』朝日文庫を参照）。

創価学会の会員たちは、日蓮正宗寺院の寄進もおこなっていた。その数は、創価学会が日蓮正宗と決別するまでのあいだに三五六カ寺に及んだ。日蓮正宗は、創価学会と関係を持つまで、小さな宗派に過ぎなかった。それが大きく発展し、多くは会員が出家して、その僧侶となった。

創価学会が日蓮正宗と決別して以降、大石寺に建物を寄進したり、日蓮正宗寺院の建立にお金を出したりする必要はなくなった。

逆に言えば、創価学会は寄進をしたくないために、日蓮正宗と決別したとも言える。大石寺に建物を寄進するより、創価学会の会館などを建設した方がいいというわけである。

一〇〇〇万円寄付する人も

現在では一年に一度、「財務」がおこなわれている。

財務は、ボーナス月である一二月におこなわれる。会員一人あたり一万円の財務をおこなうことが目安になっている。ただ、それ以下の額でもかまわない。

なかには一〇〇万円、あるいは一〇〇〇万円を財務で出すような会員もいる。財務をおこなった会員は「広布部員」と呼ばれる。

以前の財務は、座談会の場で徴収された。それだとお互いにどの程度の額を財務に出したかが明らかになる。そのため、競って財務をおこなうという風潮も生まれた。

しかし、時代は変わった。創価学会の組織にはかつてほどの勢いはない。競って財務をおこなうという雰囲気でもない。それに、額が多くなれば管理も難しくなる。

そこで、現在では、財務は郵便局や銀行の振り込みでおこなわれるようになった。

財務は、教団に対する寄進にあたるものであり、学会本部にとっては、宗教活動からの収入ということになる。

したがって、財務の総額は公表する必要のないものである。事実、どんな形でも公表されていない。会員も、それがどの程度かを知らない。

私が聞いている数字は、矢野絢也氏が私との対談のなかで明らかにしたものである。矢野氏によれば、一九九〇年代前半の財務は二五〇〇億円が目標とされたという。

この時代は、まだバブルが続いていた。株価は下落し、地価も下がりはじめたものの、賃金の上昇が続いていたこともあり、日本社会にはまだバブルの雰囲気があった。

創価学会の会員のなかには、建設業や不動産業に従事している者が多いとも聞く。それはバブルによって恩恵を被った職種だった。

しかし、それは金余りの風潮が生んだ一時のことである。現在では、二五〇〇億円は到底無理だろう。二五〇〇億円を、推定の会員数二八〇万人で割れば、九万円近い数字になってしまう。これは、財務の目安一万円からはかけ離れている。

仮に二八〇万人の会員が、一人一万円の財務をすれば、二八〇億円になる。一万円より多く出す会員もいる一方で、それより額が少ない会員もいる。まったく財務をしない会員もいるわけで、トータルで考えて、二〇〇億円から三〇〇億円のあいだではないだろうか。

総資産は一〇兆円？

もう一つ、創価学会の財力を示しているとされるのが、一〇兆円と言われる資産である。創価学会は九兆円の不動産を有している上に、大口定期預金などの流動資金が一兆円にのぼるというのだ。「創価学会の総資産は一〇兆円」ということが週刊誌などで報じられたりする。

たしかに、創価学会の本部がある信濃町には、創価学会関係の建物が林立し、さながら「創価王国」の様相を呈している。しかも、全国各地にかなり大きな創価学会の会館が建っている。創価学会の資産は相当な額にのぼるのではないか。そう考える人は少なくないだろう。

創価学会が信濃町に所有する不動産の総額については調査がある。

調査をおこなったのは、創価学会とは長年のライバル関係にある日本共産党である。ライバルによる調査だと、それを信じていいのかが問題になるが、意外なほどこれはしっかりとした調査である。

共産党の機関紙である『しんぶん赤旗』の二〇〇一年七月三日号では、創価学会の関連施設のうち、宗教法人創価学会の傘下にあって非課税となっている土地の推定地価を計算して報告している。計算をおこなったのは、『しんぶん赤旗』から依頼を受けた地元の不動産鑑定士である。

そこにあげられている土地をすべて計算すると、面積は三万二五一九平方メートルに及ぶ。鑑定の結果では、推計地価は三〇四億二三四一万六〇〇〇円だった。

ほかに、課税対象となっている土地が二万八八七平方メートルあり、そちらの推計地価は一七五億七一万三〇〇〇円だった。

両者を合わせると、面積は五万三四〇六平方メートル、推計地価は四七九億二四一二万九〇〇〇円という数字がはじき出される。

推計地価の総額を面積で割ってみると、一平方メートルあたり八九万七〇〇〇円という数字が出る。これは、二〇〇一年当時の信濃町駅周辺の地価として妥当なものである。創価学会は、信濃町におよそ四八〇億円の土地を所有していることになる。

四八〇億円と言えば、相当に巨額である。ただし、それは七〇ある施設の合計であり、単純計算すると、一施設あたり六億九〇〇〇万円になる。約七億円だ。

創価学会は全国におよそ一二〇〇の施設を抱えているとされる。九兆円という数字を一二〇〇で割ってみると、一会館あたり七五億円という数字がはじき出される。これだと、信濃町の施設の額の一〇倍を超えてしまう。信濃町は都心にあって地価が高い。地方にある会館が、信濃町より高いとは考えられない。

この点を踏まえると、創価学会の資産が一〇兆円という数字は、まったく信じられない。せいぜい、その一〇分の一、あるいはそれ以下ではないだろうか。かなり誇大な数字が、根拠のないまま流布し、創価学会の財力を大袈裟《おおげさ》なものに見せている。この点は要注意だ。

幹部が贅沢できないシステム

創価学会がかなりの資産を有し、毎年、『聖教新聞』の購読料や財務によって、多くの収入を得ていることは間違いない。

それを出しているのは二八〇万人と見積もられる全国の創価学会の会員である。会員は、熱心に学会活動をおこなっても、一銭もお金はもらえない。にもかかわらず、自分たちでお金を出し、それで学会活動に邁進しているのだ。

宗教法人は非課税だということで、多額の税金の支払いに苦しんでいる一般の国民からは批判的な目で見られることが多い。宗教法人に課税すべきだという声もある。だが、会員が手弁当で活動していることの方に注目すべきではないだろうか。企業にとっては、これほどうらやましい話はない。

宗教法人は企業とは根本的にそのあり方が違う。創価学会では、お金ということにかんして独特の仕組みが作り上げられている。これを正しく理解する必要がある。

学会本部に多額のお金が入ってくるからといって、それを会長をはじめとする上層部の人間が個人的に使えるわけではない。

前出の『創価学会解剖』によれば、本部職員の給与水準は新日鐵よりも高く、かなり恵まれているという。

ただし、本部職員には、もう一つの顔がある。それは、創価学会の幹部としての顔である。

この二つの顔は一体のものとして考えなければならない。なぜなら、そうした人間たちは、本部職員としては給与をもらっていても、学会幹部としては、一般の会員と同様に無給で活動しているからである。

学会の幹部になれば、役職がつき、日常的にさまざまな活動をしなければならない。各種の会合への出席はもちろん、出版物の購入でも、公明党を支える選挙活動の際にも、一般の会員以上に積極的に活動しなければならない。そうした活動にかかる費用は、すべて自前で調達するのだ。

つまり、専従の本部職員として高い給与を得ていても、幹部としてお金を使わざるを得ないようになっている。要は、本部職員の方が昼も夜も動きやすいということで、役職につき、幹部になることが多いのである。高い給与のなかには、幹部としての活動費も含まれていることになる。

しかも、幹部に対しては、一般の会員の厳しい目がつねに注がれている。幹部がお金儲けに走り、蓄財に励んだりすれば、とたんに一般会員からの信頼を失う。公明党の議員も一般の会員から監視されているわけだが、それは学会幹部も同じなのである。

池田大作氏の印税はすべて寄付されている

　では、創価学会の頂点に立ち続けてきた池田大作氏の場合にはどうなっているのだろうか。

　池田氏には多くの著作がある。会員たちは、それを買う。『人間革命』や『新・人間革命』などは、出るたびにベストセラーになってきた。そうである以上、池田氏には莫大《ばくだい》な印税収入があるはずである。

「学会マネー」研究会『創価学会財務部の内幕』（小学館文庫）には、池田氏個人の納税額が一九六九年から二〇〇〇年の分まで載っている（ただし、一九八三年までは所得額）。

　それによれば、納税額がもっとも多かったのは一九九七年で、その額は二億四一〇九万円となっている。二〇〇〇年では、一億一八八三円だった。納税額が二億を超えているということは、収入は五億円を下らないということになる。

　これからすれば、池田氏の生涯の所得は膨大なものになる。当然、資産も莫大なものになるだろう。

　ところが、池田氏本人は、月刊誌『現代』（講談社）の一九八〇年四月号に掲載されたジャーナリストの内藤国夫《ないとうくにお》氏によるインタビューのなかで、「聖教新聞社からの出版物の印税は、いっさいいただいておりません。それ以外の出版社の場合、いちおういただきますが、税金を払った残りは大学や学園に寄付しております」と語っていた。『人間革命』や『新・人間革命』は聖教新聞社から刊行されている。

内藤氏はすでに故人だが、創価学会に批判的なジャーナリストで、創価学会批判の本を何冊も刊行していた。その内藤氏が、創価学会の資産形成に池田氏の印税が大きく寄与していることを前提に話を聞いている。その点からすると、池田氏の語っていることは事実と考えていいだろう。

会員が聖教新聞社から出ている池田氏の本を買っても、印税収入は本人に入るわけではない。そのすべては聖教新聞社に入る。聖教新聞社は、すでに述べたように創価学会の出版部門だから、創価学会に直接入ると考えていい。

聖教新聞社以外の出版社から出ている著作については、印税や原稿料はいったん池田氏のもとに入る。だが、税務上の処理をおこなった後は、本人のもとには行かず、全額が創価学会関係の組織に寄付される。創価大学や東京富士美術館などは、そうした池田氏の寄付によって設立されたものである。

池田氏は出版活動を展開する以外、ほかに経済活動をおこなっていない。となると、収入源がどこにもないことになってしまう。

創価学会の幹部から直接聞いた話では、池田氏には、学会本部から月々一定の額が支払われているという。その額までは教えてもらえなかったが、決して高額ではない。住居にかんしては、現在は安全上の配慮で創価学会の施設に住んでいるが、池田氏は創価学会に対して、その分の家賃を支払っている。

一時期は、池田氏のスキャンダルが頻繁に報道された。ただ、そのなかに、池田氏が豪遊しているといった類のものはなかった。

池田氏の私生活がいかなるものなのか、それを明らかにする情報はほとんどない。

その唯一の例外が、かなり古いものではあるが、『婦人と暮し』誌（潮出版）の一九七四年一月号に掲載されたジャーナリストの児玉隆也《こだまたかや》氏によるルポルタージュである。児玉氏も故人だが、田中角栄を追及したことで名高い。

そのルポルタージュは、「昭和49年・新春おもてなしの心・池田大作さん御一家」と題されたもので、当時の池田家のつましい暮らしぶりを伝えている。

池田家は借家で家賃は月に八万円、食費は息子が三人いて五万円。玄関の壁にかかっている東山魁夷《ひがしやまかいい》の絵は本部からの借り物で、正月風景を演出する茶道具もやはり借り物だった。

これは今から四〇年以上も前の記事で、現在の池田氏の生活状況を示すものではない。だが、一九七四年と言えば、大石寺に正本堂を建立した二年後のことである。創価学会の組織は今以上に活況を呈していた。組織に活力があった時代には、池田氏の著作は相当に売れた。にもかかわらず、児玉氏のルポからは、ベストセラー作家にふさわしい生活ぶりは伝わってこない。

創価学会には、莫大なお金を集める力がある。供養や財務を考えれば、驚くほどの集金力がある。週刊誌が報道する一〇兆円の資産には根拠はないものの、これまで創価学会は一兆円を超える資金は集めてきたはずである。

しかし、その一方で、創価学会は、組織の内部の人間が、それによって経済的な恩恵を被ることがないような仕組みを作り上げてきた。池田氏もその例外ではない。むしろ、池田氏こそが創価学会にもっとも多額の金銭的な貢献をしてきたと見ることもできるのだ。

なぜ宗教法人は非課税なのか

宗教法人の宗教活動に課税されないのは、宗教法人が集めたお金は、それを出した信者のために使われるからである。その仕組みは同窓会と同じだ。大学の同窓会のなかには、かなりのお金を集めることができるところもあるが、それにも課税されない。自分たちで出したお金を自分たちで使うのだから、課税の余地はないのだ。

創価学会の場合も、そこに入ってくるお金は、すべて会員が出したものである。会員以外の人間が、『聖教新聞』を購読し、購読料を払っているとか、池田氏の本を購入したということはあるだろうが、それはごく一部である。

お金を出す会員のなかには、池田氏も幹部たちも含まれる。会員全員がお金を出し、それは会員たち、つまりは自分たちのために使われるのだ。

こうした仕組みは、一般の企業とはまったく異なっている。莫大なお金が集まっても、創価学会では、特定の個人が儲かるわけではないのである。

もし、上層部の人間が儲かるようになっていたとしたら、組織の和は乱れる。あるいは、分裂も起こってきたことだろう。

新宗教の教団では、分裂や分派が頻繁に起こってきた。ところが、創価学会は、新宗教のなかでももっとも規模が大きい教団であるにもかかわらず、一度も分裂したり、分派が生まれたりしていない。これは、注目される事実である。それも、誰もが儲からない仕組みができあがっているからである。

また、そういう仕組みができあがっているからこそ、多額のお金が集まってきたとも言える。もし、財務のお金が池田氏個人のものになるのなら、会員は積極的に財務はしないはずだ。

戻ってこないのに喜んでお金を出す理由

考えてみれば、創価学会というのは不思議な組織である。それは、新宗教全般に共通して言えることかもしれない。誰も儲からないのに、多くの人間が多額のお金を出し続けるからである。

違法である「ネズミ講」だと、そこに加わった人間は最初にお金を出さなければならない。

しかしそれは、やがて自分のもとに多くのお金が入ってくることを予期してのことで、お金を儲けるためにお金を出すのだ。

ところが、新宗教では、お金を出す側には、いつまで経ってもお金は入ってこない。出した分以上が入ってこないのはもちろん、出した分さえ戻ってはこないのだ。

それでも、会員たちはお金を出す。

それはなぜなのだろうか。

創価学会の会員が組織に出す金額は、個々人によってさまざまである。

わずかしか出さない会員もいる。その一方では、通常の感覚では理解しがたいほど多額のお金を出す会員もいる。なかには、何百万円、あるいは何千万円もの額を出す会員もいる。

それほどの額を出す会員は、必ずしも裕福な階層にあるわけではない。創価学会は庶民の組織であり、決してお金持ちの集団ではない。それでも、持っているお金の大半を出してしまうような会員もいる。

そこに、人間とお金との複雑な関係を見ることができる。

現代の社会においては、ほとんどの商品やサービスはお金を通して購入され、お金は生活上不可欠なものになっている。お金がなければ生活は成り立たない。それは否定しようのない事実である。

ところが、である。お金が生活上欠かせないものになっているからこそ、かえってお金は世俗にまみれたものとして高い価値が与えられない。お金儲けに走ることは、欲望丸出しの生活を送ることであり、とくに宗教が価値を置く精神性とは対極にあるものと考えられている。新宗教のなかには、そうした考え方を強調するところもある。

新宗教のなかには、お金にとらわれることを「執着《しゅうちゃく》」や「我執《がしゅう》」、「我欲《がよく》」としてとらえ、それから解放されることに価値を置くところがある。そうした教団では、執着しているものから解き放たれることが信仰活動の目的ともなっている。

たとえば、戦前においてもっとも勢力を拡大した新宗教である天理教では、教祖が財産をすべて施してしまったために貧困に陥ったという伝承をもとに、布教師たちは、「貧《ひん》に落ちきれ」をキャッチフレーズに、信者に対して際限のない献金を促した。

それは、天理教に限らず、多くの新宗教に共通する。強い信仰を持つためには、お金を手放して、無欲になる必要があると説き、信者にそれを実践させるのである。

自分のためにお金を使うことは欲望の充足であり、こうした新宗教の教団では低い価値しか与えられない。高く評価されるのは、献金し、お金を手放す行為である。これによって、同じお金の価値が変わる。欲望の象徴であったお金も、献金という形をとることで、宗教的な意味を持つ尊いものとして高く評価されるのである。

欲望の象徴であるお金と、宗教的な意味を与えられたお金とでは、本来同じものであり、その価値は変わらない。ところが、そこに信仰が介在することで、同じお金が別の意味を持つようになる。その点で、新宗教による献金の宗教的な意味づけは、「マネー・ロンダリング（資金洗浄）」の意味合いを持っている。献金という行為は、世俗にまみれたお金を浄化するものとして位置づけられるのである。

お金が浄化されたとき、献金した人間はそこにすがすがしさを感じる。お金だけではなく、自分までが清められたように感じる。お金を手放すことで、欲望から自由になったような解放感を得ることができるのだ。

多額の寄付を実現させた「熱狂的」な状況

創価学会にお金を出す会員たちにも、同じような心理が働いているかもしれない。

だが、創価学会が拡大してきたのは、現世利益の実現を強調してきたからで、お金に対して否定的な考え方はしてこなかった。

信仰すればお金持ちになれる。むしろそれが戸田の主張だった。貧しい境遇にあった会員たちは、その主張に共感したのである。

創価学会の会員が積極的にお金を出したのは、急速に拡大していた時代のことであり、その時代には、座談会で会員同士が折伏の成果を競っていた。それは財務にも及び、会員は競って財務をした。

あるいは、大石寺に巨大な建物を寄進するための供養がおこなわれていたときに、会員たちは多額のお金を出した。

さらには、バブル経済の時代、その恩恵を被り、儲かった会員が積極的に財務をおこなった。

それを踏まえると、お金を出す行為の背景に、熱狂的な状況があったことになる。現在では、そうした状況が生まれなくなっているために、多額のお金を出す会員が膨大に生まれるようにはなっていない。

その点で、創価学会の会員がお金を出す行為は、「お祭り気分」のなかでおこなわれてきたことになる。

それは、ホストクラブの客が、お目当てのホストの成績を上げるために、シャンパンのボトルを空け続ける行為に似ている。

どちらの場合にも、本人は過度に熱狂し、莫大なお金を出す行為にはまっていくのだ。その際には、正常な判断力が失われているわけだが、かえってそれが本人には快楽なのだ。

民族学の世界では、そうした行為を「ポトラッチ」と呼ぶ。ネイティブ・アメリカンの世界ではかつて、部族のリーダーは、自らの気前のよさを示すために盛大な祝宴を開き、そこで参加者に対して大量の贈り物をすることがおこなわれていた。熱狂が過剰な消費に結びつくのは、人類に普遍的なことである。

お金を消費するということでは、高価な買い物をするとか、海外旅行に出かけるとか、さまざまなやり方がある。

だが、庶民の場合、日常のつましい生活のあり方からすれば、高価なものを購入しても、それを生かし、高級な暮らしを実現できるわけではない。海外旅行に出かけるにしても、ハワイのようなところへ行くだけで、大金持ちの気分を味わえるわけではない。

だが、生活のことを考えずに、莫大なお金を創価学会のために出すということは、それ自体が本人にとっては相当な快楽になる。

しかも、その行為は、組織のなかでの自分の地位を上げることにも結びつく。実際に地位が上がるかどうかはともかく、自分は組織に対して多大な貢献をしているのだという精神的な満足を得ることはできるのだ。それは、社会のなかで虐げられてきた人間ほど強い。

しかし、お金を出す行為の背景に熱狂があるとすれば、その熱狂はいつまでも続かない。続かないどころか、信仰に対して疑問を感じるようになったりすれば、それは激しい後悔の念に結びつく。

疑問が大きくなり、脱会ということになれば、後には、組織にお金を奪われたという思いだけが残る。その思いは、自分が抜けてきた組織に対する憎しみにも発展していく。

「親の寄付」が「子どもの不信感」を招く

「親が創価学会」の場合、自分はそうした熱狂を経験していないだけに、親は創価学会にお金をむしりとられたのだと解釈したりする。

そうしたとき、親に対して不信感を抱くことにもなるが、一方で、創価学会の組織に対しても不信感が向けられる。自分は親とは同じようにはなりたくない。二世以降の会員のなかには、そのような思いを抱き、それが創価学会を離れることに結びつくこともある。「親の敵が創価学会」になるわけである。

親が熱心な会員であるということは、日頃学会活動に走り回るということである。両親ともにそうだと、家に親がいないことが多くなり、それで子どもは寂しい思いをする。

しかし、そんなことより、親が創価学会に対して多額のお金を出していることがわかると、なんでそれを自分のために使ってくれないのかと考えるようになる。学費が出せないと言われて大学などへの進学を諦めさせられた子どもなら、どうしてもそうした思いを抱く。

これは、創価学会ではなく、天理教の事例だが、作家の芹沢光治良《せりざわこうじろう》は、親がどちらも天理教の布教師だった。両親は布教のために走り回り、お金はすべて教団に献金してしまった。そのため、自分たち子どもは、「塗炭の苦しみを味わった」という。こうしたことは、「親が創価学会」の場合にも起こり得る。

親の方は学会活動に強い生きがいを感じている。けれども、子どもがその思いに共感できるとは限らない。むしろ、それは稀《まれ》だろう。彼らは親が学会活動に没頭してしまったことの弊害を強く感じながら育っていく。そこにお金がからむと、子どもの思いはより複雑なものになっていくのである。

第七章　信仰とどう向き合えばよいのか

「親が創価学会」なのは幸せなのか

では、「親が創価学会」である人間はどうしたらいいのだろうか。

それを幸福と考えているか、それとも不幸と考えているかで、今後の対応の仕方は変わってくる。

「親が創価学会」で、子どもの頃から学会活動にかかわり、それが自分にとって好ましいことなので、今でも会員として活動している。そのような状態にあるのなら、そのまま会員であり続ければいい。本人もそのつもりだろう。

ただ、誰もが社会のなかに生きていて、年を重ねるにつれて、多くの人とかかわりを持っていく。そうした人たちがすべて創価学会の会員とは限らない。活動する範囲が広がっていけば、それだけ会員ではない人間とのかかわりも増えていく。

異性と付き合い、結婚ということになると、相手が会員なのかどうかが何よりも問題になる。

会員同士で結婚すれば、基本的には信仰が問題になることはない。

だが、たとえ熱心に学会活動をやっている会員でも、会員でない異性を好きになり、結婚を考えるようになったりする。

そのときは、それまで経験してこなかった事態に直面しなければならない。

会員である親は、結婚するなら、相手も入会させなければならないと言うだろう。本人にもそのつもりがあったとしても、相手がそれを受け入れるかどうかはわからない。そこには相手の親も関係してくる。

創価学会に入ると不幸になると思い込む人たち

創価学会の会員とは結婚させない。そう言い出す相手の親もいる。

結婚は根本的には本人同士の問題で、憲法でもその点は保障されている。ところが、現実には、第四章でも述べたように、結婚には両方の親、親戚などがからんでくる。

結婚を機に会員でなかった相手が入会してくれるなら、問題は起こらない。だが、それを受け入れない相手もいる。相手の親の方も、それだけはやめてくれと、強く言ってくるかもしれない。

「親が創価学会」で、創価学会に対してなんの疑問も持ってこなかった会員だと、そうした相手方の反応は理解できないと感じるかもしれない。創価学会に入れば幸福になれる。

そう感じながら生きてきたからだ。

だが、世間には、それとは反対に、創価学会に入ると不幸になると考えている人たちもいる。

その人たちが、どうしてそう思うようになったのか、いろいろな場合が考えられる。自分の身近に創価学会の会員がいて、不幸になった例を知っている。あるいは、折伏や選挙の勧誘で嫌な思いをしたといった個人的な体験にもとづくものもある。

また、なかには世間に流布しているイメージだけで反対してくる人たちもいる。これまで創価学会については批判的な報道がくり返されてきた。それを真に受けてしまえば、創価学会はお金儲けの危険な宗教、あるいはカルトであるかのような印象を持ってしまう。

「親が創価学会」であれば、そうした報道は無視してきたはずだ。それは、創価学会に敵対する人間や勢力が流したデマであり、真面目に考える必要などない。そう思ってきたことだろう。

だが、相手やその親が、そうした報道に影響され、創価学会に対して否定的なイメージを抱いているということがある。となると、それは個人の受け取り方、こころの問題ということになるので、簡単にそれを変えることができない。

そうなると、どうしても結婚をめぐって対立が起こり、二人の仲にもそれが影を落とす。ひいては別れることになるかもしれない。

強引に結婚してうまくいったというケースはあまり聞かない。以前なら、相手や相手の親を折伏すればいいと考えて、あえて結婚に踏み切る会員もいたかもしれないが、今は、そういう時代ではなくなっている。会員は会員同士で結婚した方が、余計な問題は発生しない。

「創価学会の枠」を超えたいときに生じる問題

ただ、仕事もし、社会人として活動するようになると、創価学会の世界が、子どもの頃に思っていたよりも狭いことに気づかされるということはある。

かつて創価学会に大量に入会してきたのは、庶民であり、社会的に恵まれない立場にある人間たちがほとんどだった。

それから、頑張って働き、お金を儲け、社会のなかに安定した地位を築き上げ、子どもには大学まで行かせるなど、学歴もつけさせてきた。そうしたことに成功した会員も少なくない。

けれども、社会の表舞台で活躍している会員となると、それほど多いわけではない。創価学会の会員である芸能人に注目が集まることはある。私もその点については、『芸能人と新宗教』(イースト新書)に書いた。芸能界に創価学会の会員である人間はかなりいる。

ただ、最近では、そのなかに新しい芸能人が加わることはほとんどない。「親が創価学会」である芸能人がいても、学会活動はしていないケースも多い。

スポーツ界でもそれは同じで、活躍すると『聖教新聞』で大きく取り上げられる会員の選手は以前よりも減少している。

作家や評論家、あるいは学者のなかにも、本人が入会した、または「親が創価学会」という人間はいる。

だが、そうした人間たちが、創価学会の会員であることを公言し、その立場から発言することはほとんどない。

高級官僚のなかには創価学会の会員がかなりいて、実は「霞《かすみ》が関《せき》支部」が存在すると言われることもある。

けれども、高級官僚は多忙で、学会活動をする暇がない。夜の早い時間に開かれる座談会などの会合に出ることは不可能である。

霞が関支部が存在したとして、その会合はいったいいつ開かれるのだろうか。もちろん、高級官僚になった会員もいるだろうが、両立は難しく、未活になってしまうはずである。

創価学会の組織は、さまざまな点で庶民向きにできている。庶民層から脱してエリートの道を歩もうとしたら、会員として活動することは難しくなる。そもそもほかの会員とのあいだで考え方が違ってきて、馴染めなくなってくるはずだ。

一つ、創価学会の会員でありつつエリートになる道があるとすれば、それは、専門職として社会で働いてから、公明党の議員になるというやり方である。

たとえば、現在の公明党の代表である山口那津男《やまぐちなつお》氏は、「親が創価学会」なのであろうが、本人が創価学会のなかで積極的に活動したという経歴を持っていない。弁護士として活動するなかで、元代表である神崎武法《かんざきたけのり》氏に誘われて公明党から出馬している。

現在の公明党議員のなかで、学会で熱心に活動した経験があるのは、青年部長をつとめたことがある前代表の太田昭宏《おおたあきひろ》氏くらいではないだろうか。

「親が創価学会」だが、学会活動はしたくない。それでも、公明党の議員になれるなら、その道を進みたい。公明党が出している『公明新聞』の記者から政界へ進むという道もある。

ただ、誰もが政治家に向いているわけではないし、それを望むわけでもない。となると、創価学会の会員であることに限界を感じるようになり、学会活動をしなくなるということはあるだろう。

創価学会の会員であるということは、制約のなかで生きるということを意味する。その枠を超えたいという思いが湧いてきたとき、信仰を選ぶかどうかが問題になってくる。

成長するにつれて、嫌になる

しかし、本当に信仰をどうするかを考えなければならないのは、「親が創価学会」であることに満足できない、あるいは不満を感じている人間の場合である。

子どもの頃は、親に言われて自分も学会活動をしてきたが、成長するにつれて、それが億劫《おっくう》になったり、嫌になってきたりする。学校や部活などとの両立も難しい。できれば、創価学会をやめたい。そう考える人間は少なくない。

「親が創価学会」であるということは、学会二世以下だということであり、それは自分で信仰を獲得したわけではないことを意味する。その点で、信仰に対して切実なものを感じない。二世以下は、創価学会に対する信仰が自分にとって絶対に必要なものだという感覚を持っていないのである。

毎日勤行をしたからといって、あるいは、学会活動をしたからといって、目に見える利益があるわけではない。自分にとっていいことがなければ、信仰も長くは続かない。

その上、知り合いから創価学会に対する批判を聞くようになると、それに反論するのもうっとうしくなり、ますます会員であることが嫌になってくる。

とくに、会員でない友人知人に勧誘しなければならない選挙のときが嫌だというケースが多い。自分が創価学会の会員であることを告白し、なおかつ投票依頼をしなければならないからだ。

脱会するなら、家族と縁を切るしかないのか

創価学会をやめた人たちはかなりの数にのぼる。

第一章でもふれたように、創価学会では、世帯を単位にした会員数を発表してきた。現在その数は八二七万世帯である。これは、本尊を授与された世帯の数と考えていいだろう。

その世帯にいったいどれだけの数の人間がいるかはわからない。家族全員が会員になっ

てはいなかったかもしれない。

仮に一世帯で二人が会員になったと考えると、個人では一六五四万人ということになる。実に膨大な数だ。

一九六〇年代に創価学会が破竹の勢いで伸びていったことを考えると、一五〇〇万人くらいが一度は創価学会の会員になったと見ることはできるかもしれない。

現在の創価学会の会員数は推定で二八〇万人である。一五〇〇万人から二八〇万人を引けば一二二〇万人である。そのなかにはすでに亡くなっている人たちもいる。それでも、現在の日本社会に、創価学会の元会員が数多く存在していることは間違いない。

これは創価学会に限ったことではないが、新宗教では信者の出入りが激しい。入ってくる人間の数も膨大だが、やめていく人間もかなりの数にのぼる。入信しても、求めたものが得られなければやめていく。

どの新宗教でもそれは同じだが、創価学会は規模が大きいだけに、やめた人間の数は自ずと大きなものになる。

ただ、創価学会をやめるということが、具体的にどういう意味を持っているのか、どうやったらやめられるのかということになると、そこには創価学会に特殊な事情がかかわってくる。

創価学会はやめにくい。そういう特殊な性格を持っている。たんにそれは、ほかの会員から引き留められるということだけではない。

創価学会の会員が月々会費を支払っているのなら、会費を支払わなかったり、滞納したりすれば、それでやめたことになる。

ところが、創価学会には入会金もなければ、月々の会費もない。『聖教新聞』を購読することがそれに代わる役割を果たしているが、購読している人がすべて会員というわけではない。会員のなかにも購読していない人間はいる。

これまで述べてきたように、会員になれば、それは統監カードに記される。それは、創価学会の会員にとっての戸籍、あるいは住民票のようなものである。

自分が属している支部などに退会を申し出れば、その統監カードに退会と記される。仕組みとしてはそのようになっている。

けれども、当然ながら、そうしたやり方をすれば、支部の人間から退会は思いとどまるように説得される。

それが嫌なら、学会本部に直接、本尊を同封して退会届を出せばいい。そうすれば、そのことが支部に伝わり、統監カードに退会と記される。少なくとも、学会本部から本尊が送り返されることはない。

だが、現実には、ことはそう簡単には運ばない。

まず統監カードだが、これは、すでに述べたように二カ月に一度整理される。会員の異動を確認するためだ。そのなかには退会のことも含まれる。

統監カードを管理しているのは、統監部の人間で、それは地域の会員である。

統監部の会員は、自分が管理している会員の数が減少することを好まない。そのため、統監カードに退会と記すとは限らない。記入しないまま、放置することもあり得る。

それに、いくら退会と記入されても、それでカードが破棄されるわけではない。入会と退会のことが記されたカードはいつまでも残る。統監部の会員は、退会した人間でも復帰する可能性があるととらえている。その点では、退会も未活と変わらないわけだ。

しかし、創価学会から抜けることが難しいのは、そうした手続きの面だけではない。

単身世帯で、家族や親族のなかで自分だけが創価学会に入っているということなら、創価学会と縁を切ることはそれほど難しくはない。それこそ退会を表明すればそれで済むし、たとえ退会しなくても、かかわりを絶てばいいのだ。

けれども、「親が創価学会」だと、そうはいかない。家族親族友人知人に創価学会の会員がいるわけで、そうした人間がすべて自分に同調して退会することには絶対にならない。当然、退会を思いとどまるよう説得される。あるいは、機会があるごとに会合に誘われ、選挙のときには公明党の候補者に投票するよう促される。

それでもやめるという意思を変えなければ、周囲との関係が悪化する。家族と同居していれば、それは日常の生活にも悪い影響を与える。

家族との関係をどうするのか、「親が創価学会」である人間が組織をやめようとすれば、そのことを考えておかなければならない。

なんとしても創価学会をやめたいのであれば、家族との縁を切るしかない。そういうことは十分に起こり得る。

家族との関係を断ち切るために、家族から離れ、遠くの場所で生活をはじめる。そうしたことを選択しなければならないことだってある。

会員である家族の側からすると、家族の一人がやめるというのは大変な出来事である。創価学会では、すでに述べたように一家和楽というスローガンを掲げている。そこに示されるように、家族皆が会員になり、一家で信仰を続けることが理想である。家族が一人でもやめれば、その理想から遠ざかってしまう。

そのため、必死に引き留めようとする。あるいは、強くやめると言い出せば、仏法を貶《おとし》める謗法だと激しく非難されることもある。やめることは退転であり、退転者の末路は恐ろしいことになると脅されることだってある。

こうしたことが起こることが予想されるので、やめることができない、その意思を伝えられないという人たちもいる。

信仰は個人のこころの問題であるはずだが、なかなかそうはならない。そこには家のことが深くかかわっている。だからこそ、「親が創価学会」であること自体を不幸と感じる人間が出てくる。

家族を含め周囲に創価学会の会員が多いというときには、やめることは至難の業である。なんで自分はそんなところに生まれてしまったのかと、嘆きは深くなる。

やめたところで、一生信仰と無縁でいられるか

しかし、いくら嘆いても、事態は変わらない。「親が創価学会」である事実を消し去ることはできない。

生まれというものを変えられないのは、「親が創価学会」の場合だけではない。どんな人間も自分の親を選んで生まれてくるわけにはいかない。それは、誰にとっても受け入れるしかないことである。もちろんそれは簡単なことではない。

日本人は「無宗教」である。

そう言われることが多い。世論調査などでも、日本人の信仰率は二〇%台であるという結果が出ている。三〇%にも満たない。

ただ、これは世代全体を平均した数字で、年齢が若ければ、信仰率は低い。二〇%前後である。

ところが、そうした人間でも、年齢が上がるとともに信仰率も上昇していく。六〇歳台になると、四〇%を超える。六〇%に近くなるとする調査もある。

年を重ねることで、無宗教から信仰者に変わるのだ。これは、日本だけのことではなく、世界的な傾向である。

とくに日本の場合には、親の葬式を出すようになる体験が大きい。そこではじめて自分の家がどの宗派に属しているかを知る。そこから、自分の死や老後のことを考えるようになる。それが信仰を持つことに結びつくのだ。

「親が創価学会」ではない人間の場合、若い世代でも、初詣に神社仏閣を訪れることが多い。若者でも墓参りに行く。厄年が近づくと、厄払いに行く人たちも少なくない。

若いときから宗教とはかかわりを持っているわけで、年齢が上がると、それを信仰と結びつけて理解するようになってくる。そう考えていいだろう。

それは、人は年齢を重ねるにつれ、信仰を必要とするようになると言い換えてもいい。若いときには宗教は不要でも、年をとると、状況が変わり、本人の考え方も変わるのだ。

創価学会をやめたいと強く考えている会員には若い世代が多い。

親に言われて学会活動をするのが面倒だ。結婚するとき、会員だと相手を会員のなかから選ばなければならず、それだと選択肢が少なくなる。仕事が忙しいし、会員以外の友だちとも付き合いたいので、会合には行きたくない。

創価学会の信仰は間違っているのではないかと、理詰めで考えるのも若い世代に多い。そこには、創価学会ということではなく、宗教全般に対する不信感もかかわっている。

それは、若い世代全体に共通する考え方だ。

では、「親が創価学会」である人間が、若い頃に退会したとして、その後はどうなるのだろうか。一生信仰と無縁でいられるのだろうか。そのことは考えてみる必要がある。

危機的状況で甦る信仰心

宗教は嫌なものだというアレルギーを持ってしまったがために、年をとっても、元創価学会の会員は宗教には関心を向けないかもしれない。そこが、創価学会の会員になったことがない人間とは違う。

だが、危機的な事態が訪れたときにはどうだろうか。

仕事を失った。多額の借金を背負うことになった。事故に遭った。重い病気にかかった。

そうした危機的な事態は、誰にでも訪れる。

そのとき、人は何かに頼りたくなる。かつて創価学会をはじめ新宗教が多くの人たちを集めたのも、時代が変化していくなかで、危機に直面した人たちが多く生まれたからである。

そうしたとき、創価学会をやめた人間は、どうするのだろうか。

信仰には絶対に頼らないという強い意志を持っている人間もいるだろうが、危機がより深刻なものであれば、それもなかなか難しい。

思わず題目を唱えてしまう。そうしたことも起こるだろう。幼い頃から身につけてきたことは、自分が捨てようとしても捨てられない。不意にそれが甦ってきたりするものだ。

それから毎日勤行を上げるようになるが、創価学会に再入会するということにはならないかもしれない。

だが、ほかの信仰にすがるということはもっとも難しいはずだ。まさか、危機を克服するために「南無阿弥陀仏《なむあみだぶつ》」の念仏を唱えるわけにはいかない。念仏は、極楽往生をめざすもので、現実の問題を克服するために唱えるものではないからだ。そこが題目とは違う。宿命は信仰によって変えることができる。危機は必ず乗り越えられるというわけである。

唱題とも関係するが、創価学会の信仰の核心には宿命転換の考え方がある。

これは、危機に直面したとき、人を奮い立たせてくれる考え方である。その魅力が大きいからこそ、創価学会に多くの人間が集まり、信仰を続けてきたと言える。

あるいは、あまりに不幸なことが重なると、自分でも、それは退転したせいなのではないか。そのような考えが浮かぶこともある。

必死にそれを打ち消そうとしても、一度頭に浮かんだ考えは、そう簡単には消えない。それは、「親が創価学会」であることの呪縛かもしれない。呪いをかけられているのではないか。そう疑心暗鬼になる人もいる。

自分はたしかに創価学会をやめた。けれども、自分のなかには、会員であったときに培われた信仰がまだ生きている。今、やめたいと考えている会員がいたら、そこまで想像することは悪夢にほかならない。

宗教は、苦難に直面してはじめて価値を持つ

だが、宿命転換という考え方自体は、決して悪いものではない。

私は、「通過儀礼」、あるいは「イニシエーション」ということが宗教の世界でとても重要だと考えてきた。苦難に直面したとき、それを試練として受け止め、それを乗り越えていくのがイニシエーションである。

日本の宗教の世界で重視されている「修行」などは、このイニシエーションの典型である。修行の際には、過酷な試練が与えられ、それを乗り越えていかなければならないようになっている。イニシエーションとしての修行は、それを実践する人間を大きく変えていく。それは宿命転換の考え方に通じている。

危機が訪れるということは、問題が山積みになってしまったということであり、どうしても変化を必要とするということである。今のままでは絶対にうまくいかない。そういう事態に陥ったときには、大胆に現状を変えていく必要が生じる。

第一章でふれたように、創価学会の信仰の背景には日蓮の人生がある。日蓮は二度も流罪になるなど、くり返し苦難に直面してきた人物である。にもかかわらず、日蓮は生涯にわたって信仰を持ち続け、苦難を乗り越えていった。その事実が、日蓮を信奉する人々を励ましてきたのである。

宿命転換ということをどのように考えるのか。創価学会に一度かかわった人間にとって、それは重要な課題である。

創価学会の会員が前向きなのも、宿命転換の考え方があるからである。不幸に見舞われても、苦難に直面しても、信仰がありさえすれば、それを乗り越えることができる。その確信があるからこそ、訪れた危機に対応できるのだ。

信仰を持たない者が苦難に直面したら、それを前向きにとらえることは難しい。信仰が本当に価値を持ってくるのは、幸福なときではなく、不幸に見舞われたときである。

「親が創価学会」という試練を乗り越える

「親が創価学会」であることも、一つの宿命である。それは、本人にとって不幸なことと感じられるかもしれないが、ならばそれは、克服すべき課題であるということになる。

それをどうやって乗り越えていくかは、それぞれの人間によって違ってくる。それは、自分で見出していかなければならないことである。

創価学会の世界から逃げようと思っても、なかなか難しい。

「親が創価学会」である人間が、信仰が嫌になり、創価学会を抜け、家族との人間関係も切ったとする。

その人間の前に異性が現れ、結婚を考えたとする。

ところが、その相手の家族が創価学会の会員であった。そんなことも起こる。あるいは、創価学会以外の新宗教の信者であるということもある。

そうしたことが起こり得るのは、新宗教が庶民の宗教であり、会員や信者が特定の社会階層に属しているからである。

その意味で、生まれということは、どこまでもついて回る。それをなかったことにできないのが世の中なのである。

たとえば、伝統芸能の家に生まれてしまったら、それを継いでいくことが求められる。もちろん、才能も意欲もなければ、それは難しいが、子どもの頃からしつけられ、継がざるを得なくなる。

芸能人の子どもに生まれれば、親の七光りで、自分も芸能人になれるかもしれない。だがそれは、芸能界で成功できる保証でもなんでもないし、絶えず社会の注目を浴びるという宿命を受け入れなければならない。

どんな状況に生まれたとしても、それぞれの立場で解決しなければならない難しい課題や問題がある。その境遇に生まれたからといって、本人が努力を怠れば、落伍者《らくごしゃ》になる可能性もある。

誰もが、人生のどこかで、自分の生まれと折り合いをつける経験をしなければならない。それこそがイニシエーションである。

「親が創価学会」であることは、一つの試練である。試練からは逃げることはできない。逃げても、それを克服しなければならないということは消えない。

逆に、「親が創価学会」であるということは、人生の課題がはっきりしているということでもある。

一つの課題を乗り越えた体験は、ほかのことにも必ず生きる。逃げるのではなく、事態に直面する。

答えはそのなかにしかないのではないだろうか。

だからといって、創価学会に復帰する必要はない。再入会してもいいが、それは本人の考え方次第だ。

重要なのは、「親が創価学会」であることをどのようにとらえられるか、なのである。

普遍的な問題

人は、自分が生まれる家を選ぶことはできない。

それは、創価学会の会員に限らず、あらゆる人に言えることである。伝統芸能の家のことにもふれたが、ほかにも家の存在が重要で、そこに生まれた人間は、家を継ぐことを期待されているという場合も決して珍しくはない。

農家などもそうだし、自営業の家でもそうだ。オーナー企業ともなれば、生まれたときから、将来は経営者となることを期待される。

さらに言えば、家というものは、継がなければならないという問題がないときでも、かなり重要な存在として迫ってくる。とくに、結婚してみると、あるいは結婚ということを考えると、自分の家、そして相手の家のことがそこに深くかかわってくる。

親が、相手の家に問題があると言い出し、結婚に反対するようなこともある。家の格が釣り合わないと言い出されることもある。

結婚には反対されなくても、結婚してみれば、結婚生活に双方の家のことが影響する。「家風」とまでは言えないかもしれないが、それぞれの家でそのあり方は異なっている。ほんのささいなことでも、家による違いが育ちに影響し、それに驚かされたり、場合によっては、それが嫌に思えたりすることもある。

実家との付き合いも、いろいろな問題を生む。それぞれの家が、自分の家のやり方が当たり前だと信じていて、それと違うやり方に拒絶反応を示すことはいくらでも起こり得る。そこに、子どものしつけや教育の問題がからんでくると、問題はより複雑なことになる。

現代の社会では、昔に比べれば、家という存在は重要性を失っている。継がなければならない家も少なくなった。

しかし、そうした状況が生まれたことで、家の問題を軽視してしまう風潮も生まれている。

だが、家のあり方が、そこに育つ子どもに多大な影響を与えるということは、決してなくなってはいない。

ここまで論じてきた「親が創価学会」ということを、「親が歌舞伎役者」、「親が農家」、「親が自営業の社長」などと置き換えてみれば、問題が実は普遍的なものであることがわかってくるのではないだろうか。

おわりに

「親が創価学会」であるということは、第一に本人の問題である。
だが、そうした人間とかかわりを持つ会員以外の人間にとっても、ときには大きな問題になってくる。

これまで述べてきたように、会員でない人間が、「親が創価学会」である人間と付き合ったり、結婚しようとしたりするときには、いろいろと問題が起こる。何も起こらずに結婚し、結婚生活も順調だということはほとんどないだろう。

その点で、「親が創価学会」ということは、会員以外の多くの人にとっても考えておかなければならない問題である。急に、自分の子どもが、「親が創価学会」の相手と結婚すると言い出すことだってあるからだ。

「親が創価学会」だというときも、本人が強い信仰を持っているのか、それとも信仰にはあまり関心がないのかは、人それぞれである。

それは親についても言える。熱心な会員であることもあれば、さほど熱心ではない会員であることもある。

そのことを、創価学会の会員ではない人間が見定めておかなければならない。結婚するというときには、それを知らなければ、正しい判断が下せない。

「親が創価学会」であることが一つの宿命であるとすれば、そういう人間と付き合い、結婚することも、その人にとっての運命である。

相手が創価学会の信仰を持っているというだけで別れてしまうというのも、あまりに一方的すぎる。それに賢明なやり方だとも思えない。

結婚は、「親が創価学会」の人間にとって大きな転機である。その転機において、本人がどのような方向へ向かおうとしているのかを、相手も理解しなければならない。

第四章でも述べたように、相手は結婚を契機に信仰から離れようとしているのかもしれない。その意思ははっきり示さないものの、どこかでそうした感覚を持っているのかもしれない。

そんな局面に差しかかったとすれば、創価学会とは何か、その信仰にどういった特徴があるのかについて学んでいく必要が出てくるだろう。

世の中には、創価学会を否定的にとらえるような情報が溢れている。

だが、そうした情報に十分な根拠があるのか、それはかなり怪しい。創価学会に悪意を持った人間の発する情報を、そのまま鵜呑《うの》みにしてしまっては、真実はわからない。

創価学会に対して悪意を持つ人間が発する情報を見ていくならば、意外に紋切り型で、同じようなことが言われていることに気づくだろう。

はっきりとした証拠が示されているわけではなく、たんなる決めつけであるものも多い。そんな情報をもとに創価学会をとらえてしまえば、それは誤った判断に結びつく。

もし、そうした機会に遭遇したとしたら、それを機に創価学会についてしっかりと理解しておくのも意味のあることではないだろうか。

創価学会は巨大な組織である。しかも、戦後に現在の規模まで発展した。会員の数も膨大だが、そこにかかわった人の数はそれ以上にのぼる。

なぜそんな組織ができあがったのか。

そこにはどういった意味があるのか。

社会的な背景はどうなっているのか。

考えるべきことはさまざまある。

とくに、創価学会の会員たちが身銭を切ってまで学会活動に奔走しているのはなぜなのか。あるいは、創価学会はどうして分裂を経験せずにこられたのか。

そうしたことを考えるならば、日本における組織のあり方を考えることにもつながる。

さらには、日本の社会、とくに戦後の日本の社会がどういう経緯をたどり、どういったことを生み出してきたのかを知ることにもつながる。

創価学会に対する評価はさまざまでも、それがかなりの規模を誇り、その規模を維持していること、公明党を通して日本の政治に影響を与えていることなどは、事実として認めないわけにはいかない。

創価学会は独裁的で排他的であり、会員を搾取しているのだと斬り捨ててしまうのではなく、その内実を学んでみることは、誰にとっても必要なことである。

創価学会について学ぶ。

それが、「親が創価学会」ではない人間に課せられた一つの課題なのではないだろうか。

私は二〇〇四年に『創価学会』（新潮新書）という本を出した。当時は公明党が自民党と連立を組みはじめて五年目で、創価学会が政治の世界に強い影響を与えるようになってきたということで、創価学会に対する批判が強かった時期だった。

そうした事態を踏まえ、私としては客観的な立場から創価学会とは何かを知ってもらおうと思い、『創価学会』を出した。幸い、この本は多くの読者を得ることができたし、そのなかには創価学会の会員も相当数含まれていると言われた。

それから一五年が経ち、時代は変わった。自公連立政権は一時その座から下りたものの、現在でもその体制を維持している。その点では、状況は変わらない。

だが、創価学会の組織は、かつてのような過激さを失い、社会と対立することも少なくなった。その中心にある池田大作氏が表に出なくなったことも影響している。

今、創価学会をめぐってもっとも問題になるのは、創価学会の会員の家に育った人間たちのことだろう。それは、膨大な数にのぼる。彼らには、「親が創価学会」であるがゆえの特殊な問題がある。それは、創価学会の会員だけの問題ではなく、会員とかかわりを持つ一般の人間にも無視できないことである。いつ自分が創価学会の会員と同じ家庭で生活するようになるかわからない。

「親が創価学会」であるということが、いま、創価学会について考える際、もっとも重要なことではないか。私がこの本を執筆しようと考えたのは、それが動機になっている。

私はこれまで、多くの創価学会の会員と会い、話を聞いてきた。そのなかには、会長を含めた幹部や公明党の議員も含まれるし、多くの一般会員も含まれる。いちいち名前をあげることはしないが、そうした人々の声を聞いてきたことが、この本を書く上で大いに役立った。感謝したい。

この本は、私がイースト新書として書いた四冊目の本になる。つねに編集を担当していただいたのは、佐野千恵美さんである。とくに今回は、その助言が大いに助けになった。あわせて感謝したい。

これまで、こうした種類の本は出たことがなかったのではないだろうか。もっぱら扱ったのは創価学会のことだが、ほかの新宗教にも共通していることは少なくないだろう。信仰という問題に悩む人たちが考えを進める上で少しでも役に立てばという気持ちで、この本を書いたつもりである。読者がそう感じていただければ、著者としてこれほど嬉しいことはない。

二〇一九年二月

島田裕巳《しまだひろみ》

イースト新書
115

親《おや》が創《そう》価《か》学《がつ》会《かい》

2019年4月15日　初版第1刷発行

著者
島《しま》田《だ》裕《ひろ》巳《み》

編集
佐野千恵美

発行人
北畠夏影

発行所
株式会社
イースト・プレス

〒101-0051
東京都千代田区神田神保町2-4-7久月神田ビル
Tel:03-5213-4700　Fax:03-5213-4701
http://www.eastpress.co.jp

装丁
木庭貴信+川名亜実
（オクターヴ）

本文DTP
小林寛子

印刷所
中央精版印刷株式会社

ISBN978-4-7816-5115-6